マドンナメイト文庫

私の性体験投稿 おひとりさまの疼き

夕刊フジ

目次

私の性体験投稿 おひとりさまの疼き

体に刻まれた記憶

——東京都・OL・二十五歳

二年前の春、私は大学卒業間近で滑りこんだ警察組織に身を置いていた。交通課の一日は、日が昇る前からはじまる。体力をフルに使い、疲れはてる毎日。勤務中に一般人から暴言を吐かれ、上司からの理不尽な八つ当たりだって珍しくない。

希望とは、はるかに違う仕事で生きる毎日はおもしろくなかった。職場に居場所もなかったが、それを求めようとも思わなかった。

警察は年に二回、配置がえがある。夏異動者のお別れ会が開かれる日も、私には関係なかった。いっしょに飲むような人などいないし、同僚が異動するとも聞かなかった。

なによりその日は、私の二十三回目の誕生日だったのだ。面倒なことに巻きこまれないうちに退散するに限る。

「おまえ、送別会、行かないんだって？」

交通規制係の澤井《さわい》係長。私が組織になじまないのを察してか、よくからんでくる。このごろは徐々にペースに乗せられ、心を開くようになっていた。

「私、きょう誕生日なので、帰ります」

「彼氏の先約ありか。ちゃんとエッチしろよ」

係長ならではの、きわどいジョークが飛んでくる。

「しませんよ！　お先です」


「夕べ、エッチした？　激しかった？」

翌日、出勤するなり、しつこく聞いてくる澤井係長に、つい声を荒らげた。

「してません！　最悪の誕生日でした」

係長は一瞬目を見開いてから、苦笑した。

「しょうがねえな。後輩の話、聞いてやるのも先輩の仕事だ。一日遅れの誕生日祝いを兼ねて、今夜飲みに行くぞ」

係長はたしか三十三歳だったはず。セクハラまがいのきわどいジョークも、彼のキャラなら笑って許せた。

そしてその夜、私と係長は居酒屋にいた。それぞれが個室ふうに仕切られていて、周囲がにぎやかだから、エッチな話だってできる店だ。

「あの男、会うとすぐ、ベッドへ直行したがるくせに下手で、まじ最悪！」

飲みなれないアルコールを口にしたとたん、誰にも言えなかったセックスの不満が爆発した。

「おまえ、荒れてんな」

「独りよがりな男は嫌いですよ。痛いって言ってもやめないし、出すだけ出して、すぐ寝るし……」

「そりゃひどいな」

「好きな人だったら、自分から求めるんですけどね。私、もうあの男とは……」

言いながらビールのグラスを口に運んだときだった。

「じゃ、俺とだったら？」

「……えっ？」

私の話をさえぎった聞き捨てならない言葉に驚き、横顔を盗み見ようとすると目が合った。

あわてて目をそらすと、耳もとで声がした。

「俺が誕生日プレゼントするよ」

係長は私のくちびるを指でなぞり、そのままキスをしてきた。

「んっ……」

体が痛くなるほど抱きしめられ、容赦なく口をこじ開けて熱い舌が挿しこまれてきた。

荒々しいその姿は、私が知る係長とは別人だった。

「はぁ……こんな激しいキスしたことない……」

「おまえの彼氏がヘタクソなんだよ」

係長のくちびるが首すじを這《は》い、がまんしていた声が出てしまう。

「係長、くすぐったい……」

「嘘《うそ》つけ、感じてるくせに」

「いやあっ……」

「酒を飲みながらセックスの話をするおまえ、いやらしいなぁ……」

係長は私のMっ気を刺激するようにささやいた。

私たちは店を出ると繁華街を抜け、路地に入った。

この先にはラブホテルがある。きっと、係長はそこへ行こうとしているのだ。

だが、もう私に、それを拒否する力は残されていなかった。無言のまま、彼のあとについてゆく。

「昨夜は満足できなかったんだろ？　どんなふうにされたかったのか言ってみろよ」

部屋に入るなり、着ていた上着をソファの上に脱ぎすてながら、係長が私を見た。

「だめ……そんな恥ずかしいこと言わないで……」

足に力が入らない。壁によりかかり、なんとか立っている私を見て、係長は笑った。

「ベッドに行くぞ」

係長の言葉に、体が熱く上気した。ここまでついてきたのだから、抗《あらが》っても無駄だ。

そう割りきって、私は係長にしがみついていった。

「お願い、乱暴にして。めちゃくちゃにいじめて……」

ベッドに押したおされた。

馬乗りになった係長の息が荒くなっている。

「おまえ、署ではいつも冷めた顔してるけど……こんな顔もするんだな」

「こんな顔、って……」

「すげえエッチな顔」

恥ずかしくて、思わず顔を覆う。

「隠すなよ。いやらしい顔をもっと見たい」

服の上から胸を触ってくる。はじめはやさしく、しだいに強くなってくる愛撫《あいぶ》にため息が漏れる。

ブラがまくりあげられ、こぼれた乳首を摘まれる。

「いいおっぱいだ」

「係長のエッチ……」

「そう、俺はエッチだけど、おまえのほうがもっとエッチかもな」

とがった乳首の先を係長の指先が這いまわる。

はじくような指遣いに声を漏らすと、係長は勝ちほこったように笑い、乳首ばかりを責めてきた。

「こうされるの、好きなんだな？」

「……はい」

「もっといじめてやる」

「やっ、それいや……あぁ……」

「いやなの？　じゃあ、やめる」

それが言葉だけだとわかっているから、離れた手を引きよせてせがむ。

「ねえ、お願い……やめないで」

「やめてって、言ったじゃないか」

「ウソつきました……してください」

「だめ。自分でしなさい」

どうしようもなく恥ずかしいのに、焦らされた体は火照っておさまらない。

「あ、あぁ……」

私は係長の前で自分の胸に手を伸ばした。乳首を強くひねって吐息と喘《あえ》ぎ声を漏らす姿を、係長がじっと見ている。

その淫らな状況に、私はさらに感じてしまい、揉《も》みしだく力が強くなる。

「もうがまんできないんじゃないの？」

図星だった。感じるところを自分で責めたうえにいやらしい姿まで見られて、私のそこは触らなくてもわかるくらいに濡れそぼっていた。

「どうされたいの？」

「もう……欲しい」

「なにを？」

「……の」

「聞こえない。ちゃんとこっち向いて、言って」

「係長の、ください……」

その言葉と同時に、係長は屹立《きつりつ》をあてがうと、無言で私の中に突き刺した。

「あっ、あぁぁっ……」

「ほら、全部入ったよ……」

係長の硬くなった肉茎が、私の中を行き来する。根元まで深く突いてくる動きに、私はたまらず悲鳴をあげた。

「か、係長、それ、好きっ……そこ、もっとズボズボってしてして。ねぇ……」

セックスに耽《ふけ》っているときは、どんなにいやらしい言葉も口をついて出てしまう。

それは係長も同じらしい。私たちは淫らな言葉をささやき合いながら、互いの体を貪った。

「こう？　こうやってハメられるのがいいの？」

「ええ、それがいいの。もっとして、突いて……」

グチョグチョと泡立つ愛液が内股をつたい、ベッドがきしむ。舌をからめて唾液を舐《な》め合うと、淫らな気分が加速した。

「あんまり締めるなっ」

係長が腰の動きをとめた。

「そんなこと言ったって……感じると、自然に締まっちゃう……あんっ」

「じゃあ、こうしたらどうだ？」

言いながら、係長は動きを速める。

「あああ！　だめえっ……そんなにしないで、おかしくなっちゃう……」

「ほら、もっと動くぞ」

係長が激しく腰を使う。

「あぁ……気持ちいい、イッ……イッちゃいそう」

「俺も気持ちよすぎて、ヤバい……」

係長が私を見つめながら喘ぐ。その目に、私は狂わされる。

「ねえ、名前で呼んで……名前呼ばれながらイキたいの……」

「ほら、綾音《あやね》、俺のチ×ポが綾音のオマ×コの中で動いてるぞ。上司とセックスして気持ちいいのか？」

「いっ、いい……係長のセックス、いいの……」

係長が私の髪をつかんで顔を近づけた。

「いじめてほしいなんて言いやがって……めちゃくちゃにしてやる」

そうささやかれ、しびれるような感覚が全身を駆けめぐった。

「ほら、イクときの顔、見せろよ……」

「あ、だめ……だめ、イク、イクイクッ」

「ああ、綾音のイキ顔、エロい……俺もイク……！」

「係長、いっしょに……あ、あ、あぁぁっ」

「綾音……っ」

その日から、私たちはセックスに溺れた。軽蔑していた元カレのように、会えばすぐに求め合う関係になっても、係長との情事はいつも鳥肌が立つほどの快感と興奮に満ちていた。

その日はふたりとも非番の日で、朝から私の部屋でくちびるを重ねていた。

「係長、このシャツ、しわになってますよ」

私はベッドに寝転がる係長によりそいながら、シャツの胸のあたりを指でなぞった。

係長は私の体に手を伸ばし、ストッキングの脚とお尻を交互になでる。

「綾音、このスカート、長すぎるんじゃないか。ストッキングも、もう少し濃い色にかえろよ」

下着が見えそうなくらい、スカートがまくりあげられる。

私がストッキングを脱ごうとすると、係長は太ももに歯を立てた。

ビリッ……。

ストッキングが裂けた。その煽情《せんじょう》的な音に、つい声をあげる。

「いやんっ……」

「な、今日はいつもと違うやりかたでしてみよう」

言いながら、係長はタオルで私の手首を縛った。

「え、そんな……」

「ほら、感じるだろ」

手の自由を奪われた私は、ビリビリに破かれたストッキングとスカートを身につけたまま、貫かれてゆく。

「いやあぁ……」

「綾音はいきなり入れられるのが好きだな。ほら、もうこんなに濡らして……」

「係長のせいでしょ……」

「だけど、これくらいじゃ、まだおもしろくないな」

係長は、私の中から急に抜き去った。

「え……やだ……どうして抜いちゃうの？」

「してほしかったら、まず、そのお口で奉仕してもらってからだ」

私は素直に係長の股間に顔を埋《うず》め、逃げてしまった肉棒を口に含んだ。

舌先で亀頭をなぞり、少しずつ全体を舐めてゆく。

ピチャピチャ……。

淫靡《いんび》な音とともに係長が喘ぐ。

「よし、今度は上になって、自分で入れてみろ」

またがって、屹立を秘所に導く。体をゆっくり沈めようとしたそのとき、係長に腰を思いきり引きおろされた。

ズボッ！

「あああぁぁっ」

淫らな音とともに、私の中を電流が走りぬけた。

「係長のおっきいのが、奥まで届いてる……っ」

「ほら、お尻までスケベな汁がいっぱいだぞ」

「ねえ、見てるの？ 私のいやらしいところ、ちゃんと見てる？」

「見てるよ……すげえ、いやらしい顔で喘いでる」

「気持ちいいんだもん……係長にハメられて、突かれて、かきまわされて……」

係長が私の中でピクピクと暴れ、のぼりつめるのはもうすぐだと知らせる。

「こんなエロい綾音、誰にも見せたくない……」

「係長も、誰ともセックスしないで。そのいやらしい顔、私だけに見せて」

つながった部分から粘った音が聞こえた。


そのあとも、私たちは互いの体を求めつづけた。署内恋愛は見つかると面倒だから、係長の指定した日だけ、数カ月に一度の秘めごとだったが、それでも私は満たされていた。

だが、そんなある日、私に転機が訪れた。長年の夢だった現在の職業に転職できることになったのだ。

「よかったな。新しいところでも元気でやれよ」

報告に行った私の話が終わらないうちに、係長は微笑《ほほえ》んだ。

「そのことで、お話が……」

そう言いかけたとき、課員の声がした。

「澤井係長、向こうに奥さんが来てますよ」

え、奥さんって……係長に奥さんがいたの……?

頭が真っ白になった。

「……ま、そういうことだから、今日はこれで」

私を淫らな女にする目は、もう、こちらを向きもしなかった。

あれから二年以上が経《た》った。しかし、今なお、澤井係長との燃えるような半年間の記憶は、私の体に刻みこまれたままとなっている。

不倫の味

東京都・会社員・三十六歳

「あ……あっ……うう……っ」

ちょっと触られただけで、私は早くもいやらしい声を出しはじめる。

こうなることは願っていたし、それに彼とのイケナイことを妄想しながら、自分の指で満足もしていた。

それが今、現実のものとなっているのだ。

こんなにすぐに感じちゃって……なんか恥ずかしい……。

でも、私の身体は彼の指に、舌に、敏感に反応して、ピクピクとまるで電気にしびれたようにケイレンする。

あふれた愛液が、内ももからお尻に伝い、シーツに染みを拡《ひろ》げてゆく。肌がそこに触れ、冷たさを感じた。

想像していたよりも、彼のモノは大きくて立派だった。猛《たけ》り狂った、その先端からヌルヌルとした液体があふれ、私の手や指に容赦なくからみついてくる。

「あ……あっ……」

彼が私の上に乗りかかってきた。

はじめてのセックスだというのに、私の脚を器用に折りまげ、太ももを外へと拡げて、陰部をまる見えにされる。その光景は、まるで毎晩行っている行為のようにも思われた。

もうすぐ。

もうすぐ……だ。

この瞬間がいちばんいい。味わったことのない肉棒をはじめて味わうこの瞬間が、私はとても好き。

快感がここからはじまるのだ。

トントンと私の膣の入口を確かめるかのように肉棒の先がノックをする。そして入るべきところを発見すると、そこをめざして一気に侵入する。

待ち望んでいた瞬間が訪れたのだ。

挿入。

押しつけられる圧迫感。

破って入ってくる軽い痛み。

ヌルヌルした中でもがく心地よさ。

「あああ……あああっ」

私はとうとう堪《こら》えきれずに、声を出してしまう……。


彼と出会ったのは三日前だった。取引先の会社を訪れたら、たまたま担当者の村上《むらかみ》君が席をはずしていて、その上司である矢野《やの》が対応してくれたのだ。

彼は私のタイプではなかったが、初対面の私を見事に笑わせるほど話がうまかった。

彼といる心地よい空間が味わいたい。

もっといっしょにいたい。

もっと彼を知りたい。

そして知るために、セックスしたい。そう思った。

しかし、次の瞬間、彼の指に指輪が光っているのを見た。

……既婚者だ。

でも、そんなことはどうでもよかった。ただ一度でいいから、この男とセックスがしてみたかった。ただの好奇心からかもしれない。でも、この男の身体が知りたいという欲求が全身から噴き出すのを感じた。

わがままな私は、欲しいと思うと前後の見境がなくなってしまう。

なにがなんでも欲しい。

誰かに取られてしまう前に欲しい。

そして、その瞬間をのがしたくない。

そんな子どもみたいな欲望が次々と湧いてきて、自分でも止められない。

冷静に考えてみても、取引先の上司を誘うということは、立場上、まずいことだと思う。でも、どうしてもまた会いたくて、私は電話をした。そして、あくまでも個人的に会いたいと告げた。

近くの喫茶店で会い、コーヒーをふた口、三口飲むと、彼は「さあ、行こう」と言う。

……え？

一瞬、わけがわからなかったが、どうやら私の部屋に行くということらしい。同時に、それがどういうことかを理解した。

自分から誘っておきながら、私は心臓の鼓動がどんどん速くなるのを感じた。

こんなことなら、部屋の掃除、しておけばよかった。

今日は、どんな下着をつけていたっけ？

いろんな思いが次から次へと浮かんでくる。

彼も私も無言だった。

そして到着。私はマンションのドアのカギをまわしながら、心臓が口から飛び出てしまいそう——一瞬、そんな不思議な感覚に襲われた。

ドアを開ける。部屋は1DKだ。玄関を入るとすぐにキッチンで、その奥が寝室という簡単な作りだが、ひとり暮らしにはちょうどいい。

彼は勝手に寝室に入り、ベッドの上に腰かける。私もその横に座った。その瞬間、彼は私にキスをしてきた……。

そのセックスから、彼との関係がはじまった。

これが不倫。

私は妻帯者と寝るのははじめてだったし、まさか、つき合うようになると思ってもみなかった。でも、そんな考えは甘かった。

たった一度でいいから抱かれたい。そう思ったはずなのに、また抱かれてしまう。何度も彼の肉棒を受け入れると、やがてそれがないともの足りない肉体へと変化していった。

彼は私よりも十歳上だ。そして、不倫にありがちな言い訳を言う。

妻とはうまくいっていない——と。そう言いながらも、彼はうまくいっていないはずの妻のもとへと必ず帰ってゆく。

彼のいない寂しさに耐えきれず、メソメソと泣いたこともあった。私はそんな自分が許せなかった。

彼とずっといっしょにいたい。それは本心だった。私自身、心からそう思っていた。

玄関に立って見送ると、とたんに寂しさに襲われる。

さっきセックスしたばかりだというのに、もう私の身体は彼を欲しはじめる。

ベッドに横になって、パンティーの上から人さし指で、私の身体の中でいちばん敏感なとがった肉片をそっと押す。

「う、ううん」

瞬間、なんとも言えない心地よさが全身に伝わってゆき、低い呻《うめ》き声をあげた。

直接触るよりも薄い布越しのほうが、何倍も気持ちいい。下から上へとなぞる。

ぷるん。

小さな肉片はパンティーの中で振動する。そしてまた、じんわりとした快感が私の中でこだまする。へこんだ部分に指を当て、指の腹でぐるんとまわす。

びくん。

またたく間に全身へ、その感覚が拡がってゆく。こんな小さな部分への刺激なのに、そこを中心として波のように全身を酔わせてゆく。

ジワッ。

なにが起こったのか、すぐにわかった。膣の奥が粘った液体を出しはじめたのだ。

私はパンティーの中に手を入れて、それを確かめる。

無色透明なのに、いやらしい匂いを放つ液体を指につけ、今度は直接そのへこみを触りはじめる。

一度感じはじめたら、もう止められない感覚……。

私は夢中になり、人さし指だけでなく中指も添える。グイグイと動かすたびに、私の身体が浮遊しはじめる。

「ああ……あああ……」

私は思わず呻く。

こうして自分自身を安心させてから、私は眠りについた。

私は徐々にこの関係が不平等だ、都合のよい女にはなりたくない、と考えはじめていた。そんなときのことだった。

その日、私は彼と会う前に、違う男とセックスをした。

誘われれば、誰だっていやな気はしない。むしろ、悦《よろこ》ぶものだ。と言って、別にセックスをしようと思って友人のイサムと会ったわけではなかった。流れでいつの間にか、ラブホテルに入り、入ってしまえば、やることはひとつだ。

もちろん、彼とのセックスはこれがはじめてではない。誘われれば、おつき合いするという関係で、イサムの彼女と私は友人でもある。だが、その彼女よりも私のほうがつき合いが長い。したくなったら、お互いに誘い合うという妙に冷めた間柄だった。

イサムが先にシャワーを浴びる。

その間、私は冷蔵庫からサービスの冷たすぎるほど冷えきった烏龍茶《ウーロンちゃ》を出して、チビリチビリと飲む。音楽をかけて、それなりの用意をする。

イサムがシャワーから出ると、私もそのあとを追い、さっとシャワーを浴びて汗くささを流す。水滴をタオルでぬぐい取り、彼が待つ薄暗くなったベッドへと向かう。

彼は今、なにも知らずに私の部屋で待っている。

そう思うと、今までになく興奮した。横に滑りこみ、イサムの唇をそっとなぞる。

イサムは笑いながら、いきなり身体を滑らせ、私の両脚を軽々と肩に乗せた。持ちあげられた股間は大きく拡げられている。いくら知った仲だといっても、これは恥ずかしい格好だ。

イサムのぷっくりとした唇が、私の敏感な部分を捕らえた瞬間、ぬるっとした感覚が私を襲う。彼の舌先と唇がその部分を押さえつけながら、中で暴れはじめる。

グチュグチュ。

思わず、快感で腰が跳ねあがってしまいそうだ。

チューチュー。

低くぐもった音をたてて、私の粘膜を刺激しはじめる。

私は目を閉じた。温かい舌先と唇にもまれながら、恥ずかしさのあまり力が入っていた身体が溶けてフニャフニャになってゆく。

不倫相手の彼の顔が私の頭の中から消えず、妙な罪悪感が私をより興奮させた。

「あああん……あん、あああああん」

私はもう、声を抑えることができない。

「あああっ、気持ちいいっ……」

まだ挿入もされていないのに、ねっとりとした舌先の動きに合わせ、自分の身体が宙に浮いてゆくのを感じた。

「もう、イッちゃったのか。今日は早いな」

そう言いながら、入口に肉棒の先端を押しあてる。舌先や唇とはまた違った質感に、新たな快感がわき起こる。

入口が押し割られ、肉棒がうねりながらどんどんと奥へと入ってくる。

「う、ううう……」

入ってきたばかりなのに、快感がまた押しよせてきた。相手の腰の動きに合わせて、私も腰を動かす。

中に入っている肉柱が場所をかえるたびに、また違った快感を運んでくるので、のどから勝手に喘《あえ》ぎ声が飛び出してしまう。

何度か激しく抜き挿しをくり返されると、身体が自然に反り返り、そして大きな声をあげた。

「ああああっ……イクゥ……」

私の絶頂を確かめると、イサムは動きを止め、肉棒を抜き出して私の太ももへ白濁液を噴き出した。

終わったあと、いつもよりも念入りにシャワーを浴びながらも、私はボディソープを少なめにするのを忘れなかった。

なんだか、私のほうが家庭持ちみたい……。

マンションに戻ると、合鍵でドアを開けた彼がくつろいでいた。

「おかえり」

彼とふたりで近所のスーパーに買いものに行く。チキンハンバーグの作りかたを教えてもらい、料理し、それを頬張る。

そして、いつもの儀式がいつものようにはじまった。ただし、今日はベッドではなかった。床の上ではじまり、床の上で終わった。

彼が私の頭を自分の股間へと誘導する。急いでチャックを下ろし、私が肉柱を取り出すと、それはすでにドクドクと波打つものへと変貌していた。

彼が肉柱の根元を手で押さえつける。私は彼の望みどおりに亀頭の先に舌を伸ばし、チロチロと舐《な》めはじめる。

「う、うっ……」

彼の呻き声と牡《おす》の生々しい匂いが、私の興奮をさらに加速させた。

「ん、んぐうぅ……」

後頭部を押さえつけられると、彼が私の口の中で感じているのがわかる。

それがうれしかった。

もっと感じてほしい、私の口の中で……。

「……う、あ、ああ」

彼の声を聞くと、さっきまで別の男のモノを挿入していた部分が熱くなってくるのを感じる。

がまんできなくなった彼が口の中から飛び出し、私の中へぬるりと入ってくる。

数時間前に別の男のモノを受け入れた陰部は、ヒリヒリした痛みを感じる。でも、それはほんの一瞬だ。膣奥が彼のものを受け入れ、悦びに震えはじめる。

ひとりでに腰が動き出す。硬い床が背中に当たり、痛さを感じたが、それよりも快感のほうが増していた。

「感じるぅ」

つながっている肉棒が、私を燃えあがらせてゆく。

「イキそうだ」

「私も……あああっ」

私も大きく身体を仰《の》け反らしてゆく。

しばらくは、彼から離れられそうもない。

ならば、彼との関係を大事にしながら、ほかの男とセックスする時間も大切にしていこう。密《ひそ》やかな愉《たの》しみを持つことで、彼との不倫を後悔せずに愉しめるようになるから……。

薄れゆく意識の中で、私はそう思った。

口止めは唇で

東京都・団体職員・五十一歳

大学二年の春休みに帰郷していたときのこと。

まもなくはじまる新学期に備えて必要なものを買いそろえておこうと街のデパートへ行くと、サングラス売場に高校で同級生だった明美《あけみ》の姿があった。確か、今は地元の大学に通っていはずだ。

高校では武道系のクラブに所属し、活躍していた。髪型は耳が全部出るぐらいのショートヘア。長身で、出るところは出て、くびれるところはくびれているというナイスバディの持ち主である。

だが残念なことに、武道系というスポーツがそうさせたのだろうが、遠くからでもその視線を感じるような、目つきの鋭い女だった。

そのせいか、かわいい顔をしているわりには、同級の男子生徒たちから「少年のようで、女としての魅力を感じない」とか「目つきがきつい」などと評され、敬遠されていた。

それが自分でもわかっていて、きつい目つきをカムフラージュするためにサングラスを買いに来たのかもしれない。

このときの彼女はいつもの鋭い目つきではなかった。なにか遠くのものを見るような、眺めるような目つきをしていた。

そのときだった。彼女は陳列棚のサングラスを手に取ると、左腕に下げていた紙袋の中にストンと落とし、陳列台から離れて歩き出したのである。

「あっ……」

思わず、僕は息をのんだ。

あのまじめそうな明美が、万引きをするとは……。

僕は思いきって駆けよると、声をかけた。

「あのう、田中《たなか》明美さん、偶然だね、こんなところで会うなんて」

在学中はとくに親しくもなく、下の名前で呼ぶ間柄でもなかったので、フルネームで呼んだのである。

「あ……鈴木《すずき》君……ほ、ほんと、偶然ね」

なにか恐ろしいものでも見たような、怯《おび》えた顔をしている。

「マズいよ……」

僕は単刀直入に本題を切り出した。

「……えっ！」

彼女の表情がさらに凍りついた。いつもの鋭い目つきが怯えたような目になっている。万引きした現場を、僕に見られたことを悟ったのだろう。

「こっちに来て……」

ふいに小声でささやくと、僕の腕をつかんで、フロアを小走りに歩きはじめた。

「ど、どこ、行くんだよ」

それには答えないまま、彼女は足早に歩きつづけ、僕をフロアの隅にある身障者用トイレに連れこんだ。彼女がうしろ手にドアのカギをかける。

トイレの奥に押しこまれた僕。閉めたドアにもたれかかる彼女。

ハァハァ……。

肩で大きく息をしている。

「鈴木君、さっき、見たんでしょ?」

トイレのドアにもたれていた体を離し、彼女が僕に聞いた。

「……見たって?」

彼女が僕に聞いた。

「さっき、マズいよって言ったじゃない。そのマズいことよ」

「……………」

僕は自分が注意したことを忘れ、黙りこんだ。

彼女の目つきが上目づかいで鋭くなっている。

僕はしかたなく口を開いた。

「だって、偶然見かけたから……田中さんって、声をかけようとする前に見てしまったんだもん、紙袋の中にサングラスを入れるのを……」

すると彼女は観念したのか、

「そう……やっぱり見ちゃったのね、これ……」

紙袋のひもを両手で左右にひろげて、中が見えるようにした。

袋の底にサングラスが見えている。やはり意図的にサングラスを紙袋の中に落とし、自分の所有物にしたのだ。

「今なら、まだ大丈夫だよ。陳列台に戻したら……」

僕はおずおずと切り出した。

「でも、店の人も追いかけて来なかったな。見つかってないのか。だったら、オレ、共犯っていうか、手助けしたことになっちゃうのかな？」

よけいなことをしたものだと、僕は後悔した。「マズいよ」のひと言は、デパートの売場の者か、警備員に任せればよかったのだ。

「誰も来ないから、きっと平気じゃない？　ねぇ。お願い、黙ってて。ねぇ、ここに座って！」

彼女はそう言うと、便座のふたを閉め、そこに僕を座らせた。便座の冷たさが、ジーパン越しに太ももの裏に伝わってくる。

彼女は僕の正面に立ち、そして言った。

「見せてあげる」

「……え？」

なんのことだろうと考えるひまを与えず、彼女は両手をスカートの中にもぐらせるとパンティーを膝まで下ろし、スカートの裾をパッとまくりあげた。

「お……」

思わず声をのみこむ。同学年の女性の股間が目の前に飛びこんできたからである。

「どう？」

そう訊《き》かれても、僕は言葉を失ったままだった。

なにしろ言葉をあまり交わしたことのない元同級生の、濃く生い茂った陰毛が間近にあるのである。そのうえ漆黒の陰毛の生えぎわに真っ白い肌が、そして陰毛の奥には、赤黒い割れ目が見えているのだ。

はじめて目にした、年ごろの女性の性器……。

驚きと新鮮さとが僕の頭の中に交錯し、ゴクリと唾を飲む。

「ちょっと触ってみてもいい？」

開きなおって訊いてみる。

「うん。でも、やさしく触ってね。そうでないと痛いから」

ドアの外の様子をうかがいながら、彼女が小声で言った。

へえ、女って、ここを触られると痛いのか……。

やさしくやさしくと自分に言い聞かせながら、左手を彼女のお尻のほうにまわして撫《な》で、右の手のひらを上にして、指先の腹で割れ目から飛び出しているシワシワの肉ビラを触り、撫でる。

全神経は中指の先に集中している。やわらかく温かい感触が中指の先にひろがった。いつの間にか、僕の顔が「匂いが嗅げる」くらい、彼女の股間に近づいていた。

肉ビラの奥に指先を進め、中指の関節を曲げてL字形にしてみる。すると、ズブッと埋もれて、温かく湿った感触が指に伝わってくる。

「ああん、ゆっくり触ってね」

彼女が声をあげる。いつもの鋭い目つきではなく、なにかお願いごとをするときのような目つきに変わっている。

僕は調子に乗って中指をさらに曲げ、U字形にした。

「ああん、ダメぇ、そこ、感じるぅ……」

彼女の腰にグッと力が入った。

「あ、ごめん、痛かった?」

「もういいでしょう。ねぇ、やめて」

彼女が僕の手を払いのけた。触りはじめは乾いていた指先が、グッチョリと濡れていた。

「今度は鈴木君の番よ。さぁ、代わろう」

小さい声で言うと、彼女は僕を立たせて、まわれ右をさせた。

入れかわりに僕が座っていた便座に彼女が座る。下ろした白いパンティーは膝にまるまったままだ。

彼女が僕のジーパンのベルトをゆるめ、ファスナーを下した。つづいて、僕が声をあげる間もなく、ジーパンといっしょにトランクスをスルッと引き下ろす。

先っぽがトランクスのゴムに引っかかった反動も手伝って、すでにビンビンになっていた男棒が勢いよく跳ね出る。

「あぁ……」

僕が押し殺した声をあげると、

「シーッ！」

彼女はいつものきつい目つきになって、僕をにらんだ。

「ごめん……」

片手拝みのポーズをとり、小さな声で謝る。

「じゃ、準備オーケーね」

険しかった彼女の目つきが、やさしい目に変わったと思うや、僕の男棒を握ってパクッと口に含んだ。両手を僕のお尻にまわし、下半身を抱きしめるようにして、口を前後に動かしはじめる。

「んぐ、んぐ……」

温かい感触と掻痒《そうよう》感が、とつぜん襲ってきた。

「う、う……」

場所が場所だけに声をあげられないもどかしさを感じながら、男棒に加えられる感触を楽しむ。

「ね、気持ちいい？」

うっすら目を開けて、彼女が訊いた。

僕は言葉で答えず、コクンコクンとうなずいてみせる。

「わかるよ、こんなに大きくなってるんだもん。じゃあ、つづきしよ……位置を代わろう」

彼女はふたたび僕を便座に座らせた。今度はナマ尻でじかに座ったが、いつの間にか便座が温かくなっている。

彼女は膝まで下ろしていたパンティーを器用に脱ぐと、ポケットにしまいこんだ。

そして座った僕の太ももの上に向かい合って座ってきたのである。

彼女が右手で僕の男棒をつかんだ。彼女の言う「つづき」が「インサート」であることを直感した。

どうせなら、インサートの瞬間を見たいと思い、彼女のスカートをたくしあげる。

「ダメ！」

あわててスカートで股間を押さえた。いつものきつい目つきになっている。

そしてまた、やさしい目つきに戻すと、

「ねぇ……目、閉じてて」

甘え声で言った。

言われるままに目を閉じると、彼女は右手につかんでいる男棒を彼女の中心に導くようにして腰を下ろした。

先ほどとは違う温かさを男棒が感じたと同時に、

「ああん」

彼女は声を殺し、肩をブルブル震わせて、両手で僕の両肩にすがりついてきた。

「痛かったの？」

僕が耳もとでささやくと、彼女は首を横に振る。ショートカットの髪が僕の頬をかすめた。

やがて肩の震えが鎮まったかと思うと、彼女は上下に動き出した。

「はあん、はあん」

鼻にかかった声をあげ、腰を上下に動かす。

彼女がひとしきり動いたところで、

「ねぇ……」

僕は彼女の耳もとでささやいた。

「うしろから……したいんだけど……いい？」

「いいよ……ちょっと……待ってね」

ゆっくり腰を上げて体の向きを変えると、彼女は僕に背中を見せた。

スカートをまくると、真っ白なお尻が目に飛びこんできた。そして、そのお尻の谷間の奥に、今まで男棒を抜き挿ししていた入口が見えている。

僕は左手で男棒を支え、彼女の花びらの中心に押し入れた。

「ああん」

ここでも彼女は肩を震わせた。

僕は胸を彼女の背中に重ね、両手で彼女の上半身を抱きかかえたまま、彼女の体を上下に動かしはじめた。

「ねぇ……お願い……フィニッシュのときは言って……」

彼女が消え入るような声をしぼり出した。

僕は「うん」と言う代わりに、目の前にある彼女の髪を撫でた。そして彼女の背中を押し、前傾姿勢をとらせた。スカートをまくって、真っ白いお尻のその少し奥、つながっている部分をのぞきこむ。

ずっとこうしていたい。できることならずっと。でも、もう昇りつめたところで彼女にささやく。

「ねぇ……そろそろ……」

と言うのが精いっぱいだった。

「そう……」

と言うと、彼女は今度もゆっくりと体を離してこちらを向き、僕の股間に顔をもってきた。

「口の中ならオーケーよ」

ふたたび僕の男棒をくわえた。だんだん頭の中が真っ白くなってきたと思った瞬間、

「うっ、ううぅ……」

彼女の口の中で果ててしまった。吐き出したばかりの白濁液が唇を濡らしている。

彼女が、ゴクリとのどを鳴らした。

「……あ」

僕が小さく声をあげると、彼女はにっこりと笑い、僕のほうに口を大きく開けた。

大量の白濁液が、口の中からあとかたもなく消えていた。

「飲んじゃったの？」

「うん」

彼女はいつものきつい目つきに戻ると、ポケットからパンティーを取り出して無造

作に穿《は》きはじめた。

「ねぇ、ねぇ」

穿き終えたところで、彼女は僕に向きなおり、

「今日のことは、ないしょよ」

今までとは別人のような、やさしい口調で言った。

「うん」

僕がうなずくと、

「ありがとう」

彼女は微笑《ほほえ》みを残して、トイレから出ていった。

以来、彼女は同窓会に参加したことがないので、あれから一度も顔を会わせてはいない。

奇しき縁

秋田県・主婦・四十八歳

――由子《ゆうこ》さん、覚えてますか？　俺、橘健人《たちばなけんと》です。

……え？　健人って、もしかして……あの健人？

フェイスブックのメッセンジャー欄に新着の通知が来ていたので開いてみたら、それは昔、一度だけ愛し合ったことのある年下の男の子からでした。

健人とは今から十五年前、まだSNSがなかったころに、映画愛好家の交流サイトで知り合った大学一年生でした。

住んでいる地域がわりに近かったのと、ほかのマニアのように小うるさい蘊蓄《うんちく》を並べたてたりせず、純粋に感想を述べたり、素直に他人の意見を聞く態度がかわいらしくて好感度アップ。いつしか個別にチャットで話し合う仲になりました。

そして、好みの映画の傾向も似ていたことからいっしょに映画を観《み》に行くようになり、急速に仲よくなっていったのでした。

私は当時三十代前半。やっと子供も手を離れ、趣味を楽しむ余裕も出てきたので、月一回ほどの映画鑑賞につき合ってくれる友人ができたことで、久々に浮きたつ日々を送っておりました。

健人は明るくて人なつっこくてちょっと茶目っ気のあるかわいい子でしたが、何度も会っているうちに映画以外のプライベートな話までするようになり、そのうちに恋愛相談を受けたりもしました。

まあ、恋愛と言っても、片思いのかわいらしいものでしたが。

あるとき、恋愛映画を観に行った際に刺激を受けたのか、一歩踏みこんだ話をしてきました。

「ねぇ、女の子ってエッチのときにはやっぱり男にリードされたいもの？」

「そうね、若いうちはそっちのほうがいいかもね」

「そっかあ。俺経験ないから、もし彼女ができても、ちゃんとエッチできる自信ないなぁ。フーゾク行くにも金ないし……」

「未成年なんだから、フーゾクなんて行けるわけないじゃないの、おばかさんね」

軽くいさめながらも、すねた顔をする健人にいとおしさを覚えます。

「ちぇっ、なんだよ、由子さんのいじわる。俺のダチは年齢ごまかしてソープに行ったんだぜ。もっとも俺はフーゾクって、なんかいやなんだよね。できれば普通の人で、年上の、きれいでやさしいお姉さんに教えてほしいんだよね」

「あら、それって私のこと?」

からかうつもりで言ってみたのですが、健人は目を輝かせました。

「え? いいの? 由子さん、本当に……?」

本気にしたようですので、つい勢いで、

「いいわよ。じゃあ、これから行く?」

と言ってしまったのです。

それからふたりでタクシーに乗り、郊外にあるラブホテル街に向かいました。

そんな急展開にも、私があわてなかったのは、毎回会う前に念入りに身だしなみを整え、下着も清潔なものをつけるように心がけていたからでしたが、それは無意識にこうなることを密《ひそ》かに望んでいたのかもしれません。

ラブホテルの部屋に入ると、それまでおとなしかった健人がいきなり私に抱きついてきました。

「なんか夢みたいだ、由子さんとこんなふうになれるなんて……俺、実はずっと由子さんのこと気になってたんだ。眠れないときは、由子さんのこと思い出しながらひとりで……あっ、ごめんなさい！」

素直すぎる告白が愛らしくて、思わず笑ってしまいましたが、そんな健人の頰を両手で包み、私はやさしくキスしてあげました。

それから先にシャワーを浴び、健人が浴びている間にタオルを体に巻いて待っていると、出てきた彼に無言でベッドへ押したおされ、手荒くバスタオルをはがされました。

「うわぁ……夢にまで見たナマおっぱい！　きれいだ」

むき出しの私の乳房を見た健人は、そう叫ぶと、赤ん坊のようにむしゃぶりついてきました。

そして、やわらかい感触を楽しむかのように揉《も》みしだきながら、乳首をチューチューと吸いはじめたのです。

「ああん、あんまり乱暴にしないでね」

いさめましたが、健人はひとしきり乳房を愛撫《あいぶ》すると、今度は顔を下のほうに移してゆきました。

「ねぇ、由子さんのアソコが見たいよ。早く見せて」

甘い声でねだります。

「んもう、しょうがないわねぇ」

言いながら、ゆっくりと脚を開いてゆきます。

「すげぇ、ヒダヒダがこんなにあるんだ。ピンク色しててかわいいね」

言いながら、指を入れようとしました。

「こら、ダメよ。まだあんまり濡れてないうちに入れられても、女性は痛いだけなんだから」

と言うと、

「じゃ、どうすれば濡れてくるの？」

「ここのぷっくりとしたところを舐《な》めて」

私は自分の股間をのぞきこみながら、割れ目から飛び出しているクリトリスを指さしました。

するとと健人は、ためらいなく私の股間に顔を埋《うず》め、クリトリスを子犬のようにペロペロと舐めはじめたのです。

「あはん。そうよ、そう、上手ね。すごく気持ちいいわ」

本当に上手だったので褒めてあげると、健人はさらに舌の動きを激しくして、膣口や花弁まで舐め出しました。

「はあん、溶けちゃいそう……じゃあ、ご褒美に健人も気持ちよくしてあげるわね」

私は体をよじり、健人の腰を抱きかかえると、すでに硬く隆起している彼の男根を口にパクッと咥《くわ》えこみました。シックスナインです。

「あっ、由子さん……」

絶句する健人にかまわず亀頭に舌を這《は》わせ、強弱をつけて吸いたてると、健人もそれに応えるかのように、いっそう激しく舌を動かしました。

チュパチュパ……ジュルジュル……。

いやらしい音と荒い息遣いだけが部屋の中にこだましています。

「ああ、ダメだよ、このままじゃイッちゃう!」

すぐに健人が叫びましたので、いったん体を離して、

「ほら、いらっしゃい」

彼の前で大きく脚を開きました。

「うん」

健人は私に覆いかぶさると、今にも暴発しそうなくらいに熱く硬い男根をズブリと埋めこんできました。

「はあん……」

久しぶりの刺激に、私は思わず抱きついてゆきます。

「す、すげぇ気持ちいい」

健人も狂ったように腰を打ちつけてきます。

若く元気な男根に突かれているうちに、そうでなくてもクンニリングスでトロトロになっていた私は、あっという間に、

「ああん。イッちゃう！」

大きく叫んで、しっかりと彼に抱きついたまま、達してしまいました。

その声に刺激されたのか健人も「あう」と短く叫んで、果ててしまいました。

しばらくふたりとも放心状態で抱き合ってましたが、やがて健人がけだるそうに上半身を起こしました。

「由子さん、大丈夫？　生きてる？」

「ん……大丈夫よ。イッたあとはこうなっちゃうの」

「よかった！　俺、てっきり由子さんが死んじゃったのかと思ってあせったよ」

真剣な顔です。

そんな健人がとてもかわいかったので、私の乳房に押しつけるようにして、彼の頭を抱きしめます。

「なに言ってんの。すごく素敵だったから、イッちゃったのよ。健人って、エッチが上手ね」

「本当？　やったぁ」

言いながら、健人はふたたび私の乳首をチュルチュルと吸いはじめました。

「あん、イタズラしちゃダメよぉ」

「だって、由子さんのおっぱい、気持ちいいんだもん。大好き！」

「いけない子ねぇ、そんなことしたら、また欲しくなっちゃうじゃん」

「本当？　俺もまた欲しくなってきた」

私の手を下に導きました。するとそこには、すでに復活し、カチカチになった男根が……。

若い子の回復力に驚きつつ、その勃起をやさしく握りしめます。

「ああ！　すごいわ、早くちょうだい！」

私の言葉に、健人はすぐに挿入し、ふたたび全力で責めたててきました。

「はぅ、あふん、ああん、すごい、健人、すごいわぁ！」

我を忘れて自分から腰を使うと、健人もさらに激しく抜き挿しをつづけ、ふたたびいっしょに達してしまったのでした。

話は冒頭のシーンに戻ります。

フェイスブックに届いた健人からのメッセージでふたたび連絡を取り合うようになり、私と健人は十五年ぶりに再会することになりました。

「懐かしいね。由子さん、ぜんぜん変わってない、相変わらずきれいですよ」

「ありがとう。相変わらず褒め上手ね。健人ももう三十四歳か、立派になって眩《まぶ》しいくらいよ」

今ではすっかり大人になり、たくましさと余裕を身につけた健人を、私はバーのカウンターで感慨深く見つめていました。

実は、あの素敵な体験からほどなく夫の親が病に倒れたために、あわただしく夫の故郷に転居し、彼との関係はあれっきりになっていたのです。

「由子さんが引っ越してからも、俺、ずっと忘れられないでいたんだよ。あれから彼女も何人かできたけど、由子さんとのセックスがいちばん気持ちよかったしね」

こんなことをさらりという健人にちょっととまどいながらも、

「ありがとう。でも今日会って、そんな幻想も冷めたでしょ？　私も、もうすぐ五十代だしね」

「ううん、逆だよ。ますます欲しくなっちゃった」

健人はイタズラっ子みたいな微笑を浮かべています。

「大人をからかうんじゃないの」

「からかうもんか。だいいち冗談だったら、こんな遠くまで来るわけないだろ」

すねた顔をしています。

そう、彼はわざわざ飛行機に乗ってこちらまで会いに来てくれているのです。

その気持ちがうれしくて、私たちはそのまま健人の泊まっているホテルに向かいました。

部屋で狂おしく抱き合い、すっかり上手になった健人のキスに酔いながら、どちらからともなくシャワーに誘い、互いの体を洗い合います。

それにしても、奇《く》しき縁です。当時、まだ大学一年生だった健人と映画愛好家の交流サイトで知り合って一度関係を持ち、それきりになっていたのに、今度は彼がフェイスブックで私を見つけたなんて……。

今は映像制作会社でカメラマンをしているという健人は、細身だった昔に比べてほどよく筋肉がつき、健康的に日焼けして頼もしいオスの体つきになっていました。

「由子さんも、あのころのままだね。素敵だよ」

言いながら、私の秘部に指を這わせてきました。

「あ……ダメよ」

「え、ダメなの？　じゃあなぜ、もう濡らしてんの？」

健人が私の蜜壺《みつつぼ》に指を挿入してきます。

「うっ……ああん……そんな、感じちゃうじゃないの」

「感じてほしいんだよ。今日はあのときにできなかったことを由子さんにいっぱいしてあげたいんだ」

健人が指でさらにかきまわしました。

「はあぁ、健人、すごいわ」

「ほら、ここ、Gスポットだよね。あのころはなにも知らなかったから、今日はうんと気持ちよくしてあげる」

健人が私のGスポットを小刻みに刺激しつづけます。

「ああ、ダメよ、すぐにイッちゃいそう！　あああん！」

あまりの気持ちよさに思わずあえぐと、健人は指を抜き、

「由子さん、淫乱だねぇ、こんなに声出しちゃって」

うれしそうに言い、その指を私の口に挿しこみました。

「あぐぅ……」

こんなことをどこで覚えたのだろうと思いながら健人の指をしゃぶっていると、今度は私の前にかがみこみ、片脚を自分の肩にかけました。

「俺にも味わわせてよ、由子さんの潮」

熱い舌で濡れそぼる膣口をなぶりはじめます。

「あぁ、健人、ダメよぉ！」

「やめて、ダメぇ、もうイッちゃう」

あまりの気持ちよさに腰をガクガクさせて座りこみそうになると、健人はすばやく立ちあがり、

「ほら、うしろ向いて」

私を壁に向かわせるとお尻を引きよせ、ズンと奥まで挿入してきました。

「あうっ！」

「由子さんの中って、やっぱり気持ちいい。あのころのままだね」

乳房を揉みしだき、リズミカルに腰を打ちつけてきたのでした。

以来、私たちは月に一度、交互に相手の住む土地を訪ねては、甘い時間を共有しています。

チャットでゲット――東京都・会社員・五十一歳

「このサイトの小説って、実話なの？」

「もちろん実話だけど、プライバシーにかかわるところは、ちょっとだけフィクション混ぜてる」

「かなりやらしいよね、でも、あなたの作品、好きだなぁ」

携帯電話の画面に流れてくる文字を丹念に目で追う。運営する無料のホームページにチャット機能を併設しているのだ。

今はＬＩＮＥなどＳＮＳが主体だが、昔は携帯チャットが全盛だった。好きなときにチャットルームに入って、顔も名前も知らない人と話すスリルを味わう。

サイトは私の書いた官能小説をＵＰする場で、訪問客は欲求不満をかかえた者ばかりだ。そんなエロ同志をマッチングするのがおもしろかった。

二十二歳の優香《ゆうか》は、管理人の私と話をしたがった。チャットは公開していたので、誰でものぞくことができる。チャット中の私たちを監視している者も多数いる。それを承知で、彼女と電話番号をチャット上で交換した。すぐさま「管理人の特権を利用して電話番号をゲットしてよいのか」とねたむ者も出たが、無視を決めこむ。

電話番号の次は、写メの交換だ。妄想をふくらませれば、とんでもないことになるのはネット界の常識。

文字で欲情しても、実際に会うとなれば、やはりビジュアルは大切だ。勝手に顔のイメージを作らぬようにしながらURLをクリック。上から少しずつ写メがめくれていく。

……おおっ、美人そうじゃないか！

ぼやけた画像だったが、目が大きくて色白だ。

さっそく都内に住んでいる彼女と、一週間後に渋谷《しぶや》で待ち合わせることになった。

渋谷のスタバ前で、午後の五時。早めに到着した私は、ふらっと周辺をまわりながら、今日のプログラムを頭の中で練った。

写メだけでイメージをふくらませないよう注意する。よすぎる想像は禁物だ。

時間ぴったりに着信があった。

「もしもし」

「着いたよ」

「どこにいるの？」

携帯を耳に当てながら、ぐるっと見まわす。向こうから歩いてくるジーンズに白いセーターの女性と視線が合った。

「こんにちは。はじめまして」

笑顔で声をかけると、優香は恥ずかしそうな笑顔を浮かべた。

大当たり。想像以上に美人だ。

背は一五五センチほど。白いセーターの胸は盛りあがっているが、見た目はスレンダーだ。確かDカップと言っていたはずである。

「僕の第一印象はどう？」

「もっと若い人かと思った」

彼女の妄想をうち砕いてしまったかもしれない。

「私は……？」

「いやあ、すごくきれい」

「そんなことないよ」

「いや、そんなことあるし。よく言われるでしょ、きれいだって」

「うーん、ときどきね」

彼女が微笑《ほほえ》む。

「どうする？」

向こうから聞いてきた。

「そうね。こういうのは、どう。たくさん話したいからさ、コンビニでお菓子とかお酒とか大量に買いこんで、ホテルでパーティしようよ」

レストランや居酒屋で食事を、などということはしない。直球勝負である。

「……どう。やだ？」

彼女はにやにやしている。

「もちろん、いいよ」

私たちは道玄坂《どうげんざか》まで歩きながらコンビニで仕入れ、そのままホテルへ入っていった。

優香は青森県の出身で医院の受付をしているそうだ。彼氏と同棲《どうせい》中だが、仕事を辞めて風俗店で働くという。今週末から渋谷のお店に勤めることが決まっているらしい。

「だからね、今日は素人最後なの」

おもしろい子だ。

お酒を飲んでお菓子を食べて、数時間ベッドの上でごろごろした。

風俗店の話、過去のエロ体験の告白、医院の看護師たちの話など、話は尽きない。

「お風呂、先に入ったら？ さっき見たら、浴室はけっこう広かったよね」

そろそろと思い、切り出す。

「そっちが先に入っていいよ」

男女の密会では、どちらが先に入るのが普通なのだろう。お言葉に甘えることにする。

脱衣所で服を脱ぎ、全裸になって洗い場に腰かけた。ボディシャンプーで体を洗っているとと扉が開いて、優香が顔をのぞかせる。

「どうした？」

と聞いたが、にやついたまま答えないので、

「いっしょに入る？」

と聞きなおすと、こくりとうなずいた。

わかってはいたが、かなりの好き者のようだ。エッチなサイトに足しげく通い、初対面の男とホテルにしけこんでいるのだから。

私は泡を流して湯船につかった。裸になった優香が扉から顔を出した。

「おいでよ」

「うん」

彼女はタオルで体を隠しながら、おずおずと入ってきて、洗い場に座った。

「こっちで湯船につかりなよ」

体を流しおえた優香に声をかける。

湯船はふたりがゆっくりと入れるほどの大きさがある。彼女が右足から湯船に入ってきて、体を沈めた。鮮やかなピンク色の乳頭が、お湯の中でゆらゆら揺らいでいる

ように見える。

彼女のあごに軽く手をやり、唇を重ねる。ちゅっちゅっと唇の感触を確かめてから、舌をにゅるっと入れた。応じて、ぬめる舌をからめてくる。

湯気の舞うなか、ちゅるちゅぱと音を反響させながら、右手で乳房に触れた。やわらかいふくらみが手の中に収まる。

手のひらにぴんと突起の感触。やさしくそれをつまんでやる。親指と人さし指でこねると、ゴムのように形を変える。

優香の右手がくんくん跳ねる私のチ×ポをつかみ、逆手に持ちかえると、カリ首に引っかかるようにしてしごく。

まずは互いの体を確かめ合う前戯というところだ。

「のぼせそうだよ。俺、先に出て、待っててていい?」

そう言うと、彼女はうなずいて、息子をそっと放してくれた。

風呂から出た私は、バスローブを着て、ベッドに上がった。酔いは完全に醒《さ》めている。眠気もない。間接照明だけにして待つ。

まもなくバスローブをまとった彼女が出てきた。ゆっくりとベッドわきに来ると、私の横に寝そべる。

ここまで来れば会話はいらない。見つめ合いながら唇を重ね、口内の粘液をネロネロと吸い合った。

膝を割って、太腿《ふともも》を彼女のあそこにすりつける。

「あぁ、はぁ……」

薄く開いた優香の唇から吐息が漏れた。

秘部に指を伸ばすと、ぬるぬるした感触。充分な露がある。

ふいに優香が私の怒張に手を伸ばしてきた。こすられると、手のひらに包みこまれたモノがさらにぐっと大きく体積を増した。行き場を見つけた血液がぎゅんと下半身に集中してゆく。

「気持ちいい？　おっきくなってきたね。もっとよくしてあげる」

彼女は布団に入りこむと、私の怒張が熱いなにかにくるまれてゆく。むちゅくちゅという音が布団の中から聞こえはじめた。

優香が口をすぼめてスピードをあげていく。私は一瞬、遠い目になった。

「ん、ヤバいって、イッちゃうよ」

哀願するほど速度が増すけれど、あくまでソフトなところが憎らしい。舌がどのように動いているのだろう。まつわりついて放さない。

腰の奥から火柱が駆けのぼってきそうだった。気合を入れて耐えていたが、オチ×チンの根元をしごかれ、カリにやさしく唇が引っかかるようにされ、もう限界。

先ほどの潮がふたたびすごい勢いで駆けのぼってくる。

「あっ、待って、優香」

私の腰は浮きあがり、お尻がぶるぶると震えた。

「お口の中でイッてもいいよ」

優香が言ってくれたが、私にも矜持《きょうじ》がある。一方的に攻撃されたまま、吐き出すわけにはいかない。

「待って。俺、もうしたいよ」

優香の口の動きが穏やかになり、ちゅるっという音とともに口を離した。

唇と私の亀頭の間に糸が引かれて、すうっとシーツに垂れた。

「がまんしないで、出しちゃってもいいのに」

優香がずるい目でそう言った。

私は体を起こして彼女を抱きよせ、指を侵入させると、ぬるぬるでもういっぱいである。逆手にし、親指でクリトリスをいじめた。

「あっ、はん」

指の強弱をつけてやると、短い叫びをあげる。

二本指をずぶりと埋没させたそこは、海だ。鉤《かぎ》状にして引っかくと、じゅぶっじょぶっと音がする。

優香が眉間にしわをよせ、唇をかみしめた。

中の指をぐるぐると回転させる。

「ひっ、ひゃん」

飛びあがろうとする腰を片手でがっちり押さえる。

「いいうはっ」

意味不明な言葉を吐きながら、膣が締めつけを増す。

指の動きがきつくなってきたが、それでもねじるように内壁をえぐった。

優香が両手で私の腕をぎゅっとしぼった。なにかをつかんでいないと耐えられないらしい。うねうねと動く膣壁からとめどなく流れ出る潤み。腕が淫液浸しとなった。

「だめっ、イクッ」

彼女のお尻がびくんびくんと震えた。

「ううはあ」

優香が息を吐く。二本指を引き抜くと、おびただしい量の粘液が、私の手のひらに水たまりを作っていた。

「入れる？　つける？」

つかの間の余韻に浸っていた彼女が、火照った笑顔で聞いた。

「ううん、つけると萎えちゃうかもしれないから」

私はにじり寄ると両脚を割って自分の腰を近づけ、ぶるると跳ねまわる亀頭の先っぽを彼女の生いしげる森にあてがった。

上下にこりこりとなぞってから、ぐぐっと挿しこむ。エラが花弁の中心に吸いこまれ、消えてゆく。

中はやわらかいゼリーのようだった。それほど強い締めつけはない。早漏にとって、これは救いだ。

間接照明に照らされた美しい顔を眺めながら、ゆっくりと律動させる。くちゃちゃくという淫猥《いんわい》な音を奏でる。彼女は眉間に軽いしわをよせ、気持ちよさを堪能《たんのう》しているようだ。

しばらくすると耳もとで、

「上になってもいい？」

彼女がささやいた。

体を離すと、私の胸を押さえてあお向けにし、こちら向きにまたがってきた。屹立《きつりつ》に手をそえ、自分の蜜壺《みつつぼ》に誘いこむ。ぐぷっとのみこむと、私の腹に手を置き、腰を小刻みに揺すりはじめた。

騎乗位は女性が好きに動くことのできる姿勢だが、つまらない。よほど締めつけがよくないと、男性にはあまり気持ちよいとは言えない。

しばらくして、私が後背位を所望する。小さめのお尻を両手でがっと押さえ、ぐぷぷと挿入してゆく。

大量の先走り液と愛液にまみれた私たちの秘部は、互いの動きの摩擦をなくしていた。このままだとイケそうにない。

「顔を見てしたいよ」

私は背中にそう声をかけて引き抜いた。彼女もこちらに向きなおり、両脚を開き、招き入れる体勢をとる。

蜜たっぷりの襞《ひだ》の狭間《はざま》にくちゅと腰を落とす。

彼女を抱きしめながら、うにうにと腰を動かす。優香は私の首に腕をまわして、腰を円運動させる。根元がぐつぐつと沸騰してきた。

「ああ、気持ちいい」

「はあ、くっ」

「ああ、気持ちいい」

「はあ、くっ」

このまたっぷりと注ぎこんでしまいたい。もうすぐ生理だと言っていた。

「うぅ、中に出しちゃってもいい？」

聞くと、優香は目をつぶったままうなずいた。

再度の突き入れで、勃起がぐっとふくらんだかと思うと、ぶっという音をたてて、濃い白濁液をとめどなく吐き出しつづけたのだった。

「そう言えば、医院の受付を辞めて、フーゾクで働くってこと、同棲中の彼氏は知ってるの？」

再度シャワーを浴び、服を着ながら優香に聞いてみた。

「ううん、知らない」

「大丈夫か？」

「大丈夫。ばれたら、ばれたときよ」

優香が屈託のない笑顔を浮かべた。

「じゃ、今度、渋谷に来たら、お店にお客として遊びに行くよ」

「うん、来て」

流れで、そういう話になったが、まだ実行はできていない。

へそくりと走る女

神奈川県・会社員・五十二歳

大学生のころ、デパートの地下駐車場にある営業所で、ずっと洗車のアルバイトをしていた。

都心の一等地という場所柄、料金もかなり高額に設定されているために洗う車もほとんどが外車。ときどき数千万もするようなスーパーカーが来たり、よくテレビで見る有名芸能人が自分で車を運転してきたりもしていたから楽しかった。

現在は食品関係の小さな会社に勤めているのだが、何台もある社用車がいつも汚らしいので、昔取った杵柄《きねづか》、ヒマなとき洗ってやっているのだが、自慢ではないけれど、そんじょそこらの洗車屋には負けないほどの仕上がりを誇っている。

そのため、その評判を聞きつけたほかの社員からも自家用車の洗車を頼まれるようになった。体力的にはかなりハードなのだが、その艶やかさにみんな感激してくれるので、それなりに満足している。

「井上《いのうえ》さん、今度俺の車も洗ってもらえませんか。里香《りか》も会いたがってますし、なにかおいしいもの用意させときますんで」

ある日、後輩の品川《しながわ》から自慢の愛車を頼まれた。

この品川は社内でも有名な色男で、いわゆるジャニーズ系の顔立ちをしている。そのため、会社でも飲み屋でもモテモテ。三年前に俺と同じ部署にいた里香ちゃんと結婚したクセに、そのあとも次々と女に手を出しているというフザケたヤローなのである。

俺はこいつが嫌いだったから、誰が洗ってやるものかとは思ったものの、久しぶりに里香ちゃんの顔も見たいし、休日の午後、彼らの住むマンションに向かったのだった。

「ああっ、井上さん、お久しぶりですぅ。お元気でしたかぁ?」

洗車の道具が入った大きなバックをかかえた俺が、西武新宿線《せいぶしんじゅくせん》の某駅に降り立つと、改札前で里香ちゃんが出迎えてくれた。

結婚式以来三年ぶりに会う彼女は三十三歳。品川より三つ年上の姉さん女房だ。料理がうまいところに品川が惚《ほ》れたらしいが、俺はヤツのことをよく知っているので、当時、やめさせようとそれとなく話してみたのだが、彼女は聞いてくれなかったのである。

「井上さん、お休みのところ、すみません。今日はよろしくお願いします」

マンションの玄関先にベンツのゲレンデを止め、品川が手を振っている。なるほどモテ男が好みそうな車だ。しかし、白い車体には汚れがこびりついている。

「たぶん三時間はかかると思うからさ、ふたりとも部屋で適当にやってて。終わったら電話入れるから」

そう言ったのだが、里香ちゃんが長靴を履いて出てきた。品川は部屋の中でゴロゴロしているらしく、これではまるでふたりっきりの洗車デートみたいで、だんだん楽しくなってくる。

水洗いをして、トラップ粘土で鉄粉を落とし、そのあと溶剤を使って水垢《みずあか》をこそぎ取る。そしてポリッシャーというハンドモーターのようなもので、液体のワックスを塗りこんでいくのだ。

「うっわ、すっげぇ。なにスか、このものすごい艶。まるで新車みてぇジャン！」

ワックスを拭き取っていると、品川が様子を見に出てきた。

里香ちゃんに掃除機を貸してもらい、中の作業に取りかかる。薄暗いのでLEDライトを当てながら隅のほうまで掃除機をかけていると、運転席のシートの真裏になにか布でできた袋のようなものがガムテープでしっかりと貼りつけられているのを発見。

「あれっ、なに、これ？」

「えっ、なにスか、なんかあったんスか？」

ウエスで後輪のホイールをキレイに磨いていた品川がこっちを見ながら聞いてきた。

そのとき、助手席の窓ガラスを拭いていた里香ちゃんがいきなり咳払《せきばら》いをした。

なにげなく見ると、俺の顔をにらみつけるようにしてウインクをくり返し、なにかのサインのようにして顔を横に小刻みに揺らしている。

それで俺にもやっと、触れたらいけないものだったのか、と理解し、とっさにウソをついた。

「なんだよ。コードが切れているのかと思ったら、ただのひもだったよ」

作業が終わり、里香ちゃん特製の豪華な料理をいただいたが、そのどれもが驚くほどにおいしかった。

「井上さん、本当に今日はありがとうございました。あとで里香に家まで送らせますんで、ガンガン飲んじゃってください」

明るく、かわいらしく、まじめだし、料理も上手。こんなにすばらしい奥さんがいるのに、なおもほかの女に手を出しているこの品川という男のことが、ますます許せなくなってくる。

「じゃ、あたし、井上さんを送ってくるからね。先、寝てていいから」

酒に弱い品川が真っ赤な顔になり、うつらうつらと船を漕《こ》ぎ出したのを見て、里香ちゃんがそう言った。

里香ちゃんの運転するゲレンデの助手席に乗り、俺のアパートをめざす。

「さっきの、あれはいったいなに。もしかしてヤバい薬かなにか……？」

「あははっ、まさかぁ。へそくりですよ、へそくり。通帳とハンコが入っているんです」

灯台もと暗し。アイツの金だからアイツの車の中に隠しておけば安心、ってことらしい。

夜の七時すぎ。道路渋滞となり、車が進まない。

里香ちゃんはふうっと大きなため息をつくとハンドルにあごを乗せ、ぽつぽつと語りはじめた。

「あたし、もうがまんできないんです。もう限界。そろそろ離婚しようかと思って」

やはり、結婚しても品川の女遊びが鎮まらないことに参っているそうだ。そのうえ、そろそろ子供が欲しいと頼んでみても、なんやかやとすぐに話題を変え、はぐらかすらしい。

このままずっとこの男と暮らしていっていいのかと悩んでいて、最近は夜もあまり眠れなくなってきているという。

「結婚して三年。少しはあの人も変わってくれるか、と思ってはいたんだけど、もうやっぱ、無理みたい。だから、あたしも自分の歳《とし》を考えたらこの辺が潮時なのかなって。やりなおすのならそろそろかなって」

「そうか。だから手切れ金がわりとして、ヤツの金をへそくってるってワケだな」

「そういうことです。うふふっ、実はけっこう貯《た》めたんですよ」

運転する里香ちゃんの横顔は、寂しそうだった。

いつも明るく、朝から元気バリバリ、つねにヒマワリが咲いているような職場の華だった彼女も、結婚後は思いえがいていたような人生を歩めずに苦悩していたのだ。

「なんだったんでしょうね、この三年間って……外でいろんな女と遊んでくるアイツを、ただご飯作って、待ってるだけだったんだもん。なんか、あたしって、バカみたい……」

つつつっと涙がひとすじ頬を伝うのが見えた。

「あっ、ごめんなさい。あたし泣いちゃいそう。ちょっと車、止めてもいいですか」

前方にあったコンビニの駐車場にゲレンデを入れると、ハンドルに突っ伏し、くやしい、くやしい、と言いながらボロボロと大粒の涙を流し、号泣しはじめた。

離婚したら俺のところに来いよ、なんてセリフが喉もとまで出かけたのだが、いくら独り者とはいえ、小心者の俺にはとても言い出せなかった。だいいち、年齢差がありすぎる。

「ごめんなさいね、取り乱しちゃったりして。こんな話できる人、近くにいないんです。井上さんなら昔から知っているし、なんか安心しちゃって」

「こっちこそごめんな、なにも力になれそうにもなくて……」

泣いてスッキリしたのか、またいつもの笑顔に戻った里香ちゃんがゲレンデを発進させた。

「井上さん、昔、あたしのこと、好きだったでしょ。気づいてましたよ。だって、いろいろとやさしくしてくださったし……」

昔じゃなくて、今でも大好きだよ、のセリフも、くやしいが、また言えなかった。

「ねぇ、まだ早いし、どこかでちょっと休んでいきませんか。あたし、顔洗いたい」

前方にいくつかラブホテルが見えている。彼女はそう言うと、なんといきなりハンドルを切り、カーテンが下がっている駐車スペースにゲレンデを滑りこませた。

「ええっ、ちょっ、ちょっとぉ」

男の俺がそうするのならわかるのだが、彼女のこの想定外の行動にビックリしてしまった俺の声は完全に裏返っていた。

「アイツだって、これまでさんざんほかの女どもと遊んできたんだから、あたしだって一回くらいはいいですよね、浮気しても」

部屋に入ると、里香ちゃんが俺に抱きつき、激しく口づけをしてきた。

「ホ、ホントにいいの？」

「ここんとこずっとあたしイライラしてたんです。とにかくもうアイツのこと忘れたいの。だから、今夜はあたしのことムチャクチャにしてください」

その言葉を聞いた瞬間、いきなり俺の興奮度はマックスに達してしまった。

「ああっ、ダメッ、先にシャワー浴びさせてっ」

そんな声など聞こえない。

ユニクロの防寒ベストを脱がせ、長袖のブラウスをはぎ取る。黒いスリムのジーパンの裾と靴下をつかんで同時に引き抜くと、下着姿の里香ちゃんが転がった。

俺も十秒で素っ裸になって彼女の上に覆いかぶさると、激しく唇をすりながら、ブラジャーとパンティーをはぎ取った。

いわゆる盛りマンというのか、里香ちゃんの股のつけ根はやわらかく、まるく盛りあがっていて、その山全体を覆うようにして、極太の陰毛がびっしりと生えている。

おっぱいは適度な大きさだが、乳首がデカい。その巨峰を甘噛《あまが》みしつつ右手の中指を股の間に滑りこませると、ヌルヌルの熱い淫液がたっぷりと指にからみついてきた。

若い女特有の角のある香りでなく、熟した女のにおいが漂っている。

それが著しく性欲をかきたててくる。

「ああっ、気持ちいいです。そっ、そこっ」

赤くふくらんだクリトリスを舌先で転がし、陰唇全体を狂ったように舐《な》めまわしていると、イヤイヤをするようにして身もだえ、そして崩れていった。

「あたしにもさせてください」

すると今度は、里香ちゃんが俺の肉棒を咥《くわ》えてくれたのだ。それも、じゅぼっじゅぼっといやらしい音をたてながら頭を上下させている。

夢にまで見た光景……でも、夢ではないのだ。俺はこれから憧れの里香ちゃんを犯そうとしてるのだ。

「も、もうあたし、がまんできない」

そう言うと、いきなり俺の上にまたがり、里香ちゃんの唾でベトベトになっている俺のモノを自分の肉のひだひだを開いて押しつけ、そして、ゆっくりと腰を下ろしてきた。

「ひいっ、すっ、すごいです。ホントに気持ちがいいです。ああっ、気持ちいいっ」

最初は上下に動かしていた腰を、今度はクリトリスを俺の陰毛に擦《こす》りつけるようにして前後に動かしはじめた。しばらくすると、いきなり痙攣《けいれん》を起こし、俺の胸に崩れ落ちた。

照れている里香ちゃんを寝かせ、今度は俺が責める番だ。俺のほうこそ久しぶりの女体なので、いつもに増して激しく勃起している。

「お願い。うしろからしてください。あたし、バックが好きなの」

尻には無駄な脂肪がなく、俺の指をはねのけるような弾力があった。

大きくひろげてくれた股の間をのぞくと、さっきまでトロトロだった淫液が白く粘り気のあるものに変わって、こびりついている。

俺はギンギンにとがった先端をそこへ当て、腰を突き出すと、ぬるっとすんなりと入っていった。

しかし、若いだけあって締めつけがすごい。気を抜くと、すぐにイッてしまいそうになる。四つん這《ば》いになった里香ちゃんとの一騎打ちは激しい攻防となり、俺はぜえぜえと肩で息をしながら、必死の形相で攻めまくった。

「ああっ、すごい、奥に当たってるぅ、いいのぉ、いいのぉ」

「里香ちゃん、俺も気持ちいいっ」

その夜は何度も何度も体位を変え、お互い狂ったように求め合い、すべてを忘れて楽しんだのだった。

半年が過ぎたころ、品川が離婚したらしいという噂《うわさ》が会社中に流れた。

体にこびりついた汚れを落とし、まるで、ピカピカの新車のような体になった里香ちゃんに乗りたいと思う男性は、すぐに現れることだろう。

俺は彼女のドライバーにはなれそうもないが、彼女の幸せをいつも願っている。

ファイト、里香ちゃん!

奥ゆかしきもの

東京都・会社員・五十三歳

昭和から平成に変わってまだ間がないころ、私は三十歳の大台に手が届こうとしていた。

当時、私が行きつけにしていたスナックは、雑居ビルの五階にあり、コの字形にしたカウンター席だけという、小さな店だった。

そのカウンターの奥に一段高くなった、小さなまるいスペースがあり、若者が日替わりで、自慢のカバー曲やオリジナルの歌をギターの弾き語りで歌う。

十一月のある日、仕事の帰りにその店に行き、ドアを開けると、いつもガランとしているカウンターにひとりの女性が座っているのが目に入った。

「いらっしゃい」

マスターが私に声をかけ、

「ここ、どうぞ」

と、女性のふたつ右隣の席を勧めた。

背もたれのない丸椅子に座ると、いつものように水割りをオーダーする。

水割りを何杯か重ねながら、弾き語りの歌を聴くのが私の楽しみだ。

時計が八時をまわり、ほろ酔いとなったところでステージタイムとなった。その日の弾き語りはケンジである。トレーナーにジーパンというラフな姿のケンジが、ステージ上の椅子に足を組んで座り、スローな曲の弾き語りをはじめる。

一曲目が終わって拍手すると、先ほどは右半身のうしろしか見えなかった女性がこちらに顔を向けた。

この店では初対面である。肩の少し上のあたりで切りそろえた、艶やかな栗毛《くりげ》色の髪は、不自然に茶色や金色に染めた若者を見なれた私の目には新鮮に見える。むきたてのゆで卵のような真っ白い額、切れ長の目、鼻すじが通ったなかなかの美形である。

三十代半ばだろうか。内側からにじみ出るような世間なれした仕草が、大人を感じさせ、実際の歳《とし》より少し上に見せているのかもしれない。

女性は肘をついて水割りを飲んでいる。白いブラウスを盛りあがらせている豊満な胸のせいで、ブラウスのボタンとボタンの間が隙間を作り、なんとももどかしい眺めになっている。

そしてカウンターの下には薄いピンクのスカートがのぞいている。

ケンジがオリジナル曲を弾きはじめる。ワンコーラス歌い終えたところで、彼女が拍手をした。

「ねぇ、よくここへ来るの？」

不意に女性が私に話しかけてきた。

「ええ、ケンジくんの歌が好きで、よく来てます」

私が返すと、

「ねぇ、この曲いいと思わない？　サビの部分の『乗り越えたいけど、越えられない、それがオレのエナジーだ』ってところ、何回聴いてもいいと思うの」

彼女がうっとりした表情を浮かべた。

「僕はメロディが好きで、歌詞まではチェックしてませんでした。でも、言われてみればいい歌詞ですね」

　お互いケンジのステージによく来ているのに、初対面だったということに驚きながら返す。

「そう、メロディもいいけど、このスローになるサビの部分の歌詞がジーンと来るのよね」

　なるほど彼女の言うとおり、サビの部分はケンジも思い入れがあるのか、ギターを弾く手にも力を入れ、肩を揺らしながら歌っている。

「ホント、いいですね」

　言いながら、彼女のほうに顔を向けたとき、水割りを飲んでいる彼女のコースターが、カウンターからポトリと落ちた。

「あら！」

　彼女が小さな声をあげた。落ちた場所は私と彼女の間である。

「大丈夫です。僕、拾いますから」

「ありがとう、ごめんね」

　私がカウンターの椅子から尻を前にずらして、床に膝を曲げてしゃがんでコースターを拾おうとしたときである。

彼女は私がかがんでいるほうに両ひざを向け、私の顔の正面あたりで右の膝を上げたかと思うと、左の膝に乗せ、脚を組んだ。

一連の動きがスローモーションのように目の前でくりひろげられたが、残念ながら肝腎な部分は暗くて奥まで見えなかった。スカートの裾から伸びたベージュのパンストに包まれた両脚が見えているだけである。

落ちているコースターを拾うとカウンターの椅子に座りなおして「どうぞ」と言って彼女にわたす。

「ありがとう」

彼女がニコッと微笑《ほほえ》んだ。顔が間近に見え、頬や額の肌の美しさを改めて感じた。

すると彼女はつづけて、

「ねぇ、見えた？」

と、私に聞いた。

「見えたって、なにが……？」

しらじらしく聞き返す。

「決まってるじゃない。さっきアタシ、脚を組んだでしょ。そのときにアナタの見たいところが見えたのかなって思ってね……」

私をからかっているのか、男心をくすぐっているのかわからない。

「脚を組むのは見えましたが、その奥は暗くて見えませんでした。もっとも一瞬のことでしたので、見たいと思ったときには脚が組まれていました」

私は正直に答えた。

「そう、それは残念でした。でも、正直ね」

彼女がクスッと笑った。

「なんだか高校のときに古典で習った奥ゆかしという言葉を思い出しましたよ」

「奥ゆかし……なに、それ？」

彼女に聞かれて、私は説明する。

「奥とゆかしが合体した言葉なんです。ゆかしというのは行くの活用形で、行きたいけど行けないという意味です。それに奥がついて、奥に行きたいけど行けない、それが転じて、知りたい、心が惹《ひ》かれる、という意味なんです。さっき、あなたの脚を見ていて、すごく奥に行きたいようで、心惹かれました」

「難しいようで、おもしろい言葉ね。イキたいけど、イケないのか……意味深ね。うふふ、あなた、見かけより歳みたいね」

彼女がさりげなく、私の年齢を聞いてくる。

「来月で三十の大台に乗ります」

「あら、じゃあ、アタシのほうが少しお姉さんってところね」

やはり私がにらんだ三十代半ばというのは当たっているようだ。

「ケンジくんの歌詞にもありますよね。乗り越えたいけど、越えられない、それがオレのエナジーだ、って。たどり着きたいところに、たどり着けない、そういうところがいいんじゃないでしょうか。もし、たどり着いてしまうと、バネが伸びきったような状態になり、それで燃えつきて、エネルギーがなくなって次へ行けなくなるんじゃないでしょうか?」

「なるほど。そう言われるとわかる気がするね。さっき、ちょっときわどい話になりそうになったけど……」

彼女が意味深な視線を私に投げかけてくる。

ステージが終わり、ケンジがステージから降り、カウンターの陰に入った。

彼女が用事を思い出したのか、

「アタシ、そろそろ帰るね」

私に言うと、マスターに飲み代を払い、

「早く帰ったほうがいいわよ。もしかしたら、いいことがあるかも……」

私の耳もとでささやいて、店を出ていった。

彼女の言葉が気になり、私も急いで店を出る。

そしてエレベーターで一階に下りて、驚いた。彼女がエレベーターホールにいたからだ。なんと「出待ち」をされていたのである。

「どうして、ここに？」

「やっぱり、早く出てきたわね。そうすると思ってた」

彼女が笑みを浮かべた。

「話しているうちに、なんだか、あなたのことが奥ゆかしくなってきて……ねぇ、ちょっと歩きましょう」

そう言うと、彼女は頬を私の二の腕につけ、腕を組んで歩きはじめた。

しばらく歩いているうちに彼女が視線を舗道の2ブロック先のネオンのほうに向け、

「行こう」という意味であごをしゃくった。

ラブホテルの部屋に入り、ドアを閉めたとたん、背後から両腕をまわして彼女の肩を包みこむように抱き、彼女のうなじに唇をよせた。

「あん」

彼女が首をのけぞらせ、突き出してきた唇に吸いよせられるように唇を重ねてゆくと、こじ開けるようにして彼女の舌が入ってきた。

靴を脱ぐとスリッパを履くのももどかしく、お互い抱き合ったままで蟹《かに》のように横に進み、ベッドルームへ向かう。

ベッドの縁で立ち止まり、彼女の上着とブラウスをはぎ取るように脱がせ、ソファに投げる。

私も大急ぎでパンツ一枚となったところで、彼女をベッドに腹這《はらば》いにさせる。

背中に少し食いこんだ感じのブラジャーをはずし、こちらもソファへ。

視線を下へやると、薄いピンクのスカートからベージュのパンストに包まれた両脚が出ている。

ためらうことなくファスナーを下ろし、スカートをはぎ取ると、パンストに包まれた小ぶりの尻が現れた。

私は思わず、クスッと笑いそうになった。

「なにか、おかしい?」

彼女が小声で聞いたが、その声もベッドのシーツに半分消え入りそうだ。

「ずいぶん、かわいいパンティーですね」

そう、なんと小さなパンティーであることか。しかも結び目のないヒモパンのようなパンティーだ。

パンストもろともパンティーを下ろすのはやめにして、パンストだけを太もものあたりまで引き下ろした。半ケツ部分があらわになる。

私はそのお尻に鼻をこすりつけ、舌を這わせた。

一瞬ビクッとしたような反応を彼女が示す。その反応を確かめると、パンストとパンティーを一気に引き下ろす。

一糸まとわぬ姿になった彼女。つきたての餅がふたつ、目の前にある。

私は寝たままパンツを脱ぎ、もう一度つきたての餅にチュッとキスをし、腹這いの彼女をあお向けにひっくり返した。

縦にキュッと割れたへそが見え、あまり縮れていない茂みが奥ゆかしきものを隠している。

私は彼女の両膝をかかえてM字に開き、しばし、その秘部を見つめていると、

「そんなに見ないで」

両手で隠されてしまった。

ためらいなく肉溝に舌を這わせ、ちっぽけな突起を舌で転がす。

「ああん」

彼女が腰をくねらせた。

もうここまでくると、自分のイチモツで彼女の奥まで行くしかないと考えていると、

「ねぇ、欲しい」

彼女がささやく。

やがて、私のイチモツは彼女の奥ゆかしき部分に潜りこんでゆく。

締めつけられる感触とともに、

「ああん」

声をあげ、私の頭を抱きかかえる彼女。

「ゆっくり動きますから」

私が腰をつかっているうちに、やがて彼女は、

「はあん、はあん」

小さいながらも荒い息をあげはじめた。

「少し強めに突いてもいいですか？」

「……うん」

「中に……出しても？」

「いいわよ……」

小さいながらも、はっきりと答えてくれた。

うれしくなり、彼女の両膝をかかえ、ドッキングした部分はそのままに、胸と腹の間を少し離した。

私の頭と背中をつかんでいた彼女の手がシーツをつかみなおす。

視線を下に移すと、私のイチモツが彼女のミミズ色をした肉ひだに包まれるようにして出入りしているのが見えている。

先ほどよりも少し腰の動きを速める。イチモツの出し入れに合わせるように彼女の肉ひだの動きも速まる。

彼女の顔を見ると、口を半開きにして、

「はあん……はあん」

先ほどより声が大きくなっている。

両膝をかかえた手に力を入れ、目を閉じ、腰の動きを激しくする。

「うっ……うっ」

彼女が両手を私の頭にまわした。

「あっ、イク、イッちゃうぅ」

そう叫んで、四肢を痙攣《けいれん》させた。どうやら絶頂に達したようだ。

私も彼女の絶頂に促されるように、中で果てる。

彼女の体の上にドッと崩れ落ちる。

彼女はまだ肩を小刻みに震わせながら、私の頭をかかえたままだ。

「もうしばらく……中に……いてね」

ふりしぼるような声で彼女が言った。

「ええ……奥へ行けました。おかげで、すっかりバネが伸びきって……燃えつきることができましたよ」

私はそう答えるのがやっとだった。

そして、その夜は言われたとおり、いつまでもいつまでも彼女を抱きしめていたのだった。

犬に誘発されて

東京都・会社員・五十三歳

六月の半ば、東北の某都市に出張命令が出た。日曜夕方に前日入りし、月曜から木曜まで四泊五日の予定である。

職業柄、出張は慣れたもの。日曜午後の東北新幹線と在来線を乗り継ぎ、タクシーで夕方五時ごろホテルに到着。このホテルには四連泊の予定だ。フロントで部屋の鍵と四日分の朝食券を受け取り、部屋へ入った。

まだ夕日が残っていること、新幹線に約三時間も座りつめだったことから、ウォーキングでもしてみるかと思いたち、ホテルを出る。

十分ほど歩くと、樹木に囲まれた公園があった。中をしばらく歩いてからベンチに腰を下ろすと「クゥン、クゥン」と鼻を鳴らして犬が近づいてきた。

柴犬の雑種のようだが、首輪をつけていないので野良犬だろう。この公園にいついているのか、私のほうを一心に見ている。

「ごめんな、今、エサを持ってないんだよ。明日、ここでまた会おうな」

頭を撫《な》でてやってから、ホテルへ戻った。

翌日、相手先でさまざまな打ち合わせをしたが、その合間も、あの野良犬、今ごろどうしているのかなと、少し上の空だった。

いったんホテルへ戻り、六時をまわったころ、バッグを携えて公園へ向かった。実は今日の朝食バイキングでパンを多めに取って紙袋に入れ、バッグに忍ばせていたのである。

昨日と同じベンチに座ると、例のワンちゃんが「クゥン、クゥン」と鼻を鳴らして近づいてきた。バッグからパンを取り出して与えると、少し鼻息を荒らげて、うれしそうに平らげてゆく。

「よかったな。ちゃんと食べろよ」

無心に食べているワンちゃんの頭を撫でてやってから、ホテルへ戻る。

外は薄暮。日が沈むか沈まないかという明るさで、周囲に人影はない。

翌朝の朝食時、パンだけではかわいそうだと思い、ウインナーなども袋に入れ、周囲をうかがいながらバッグにしまう。

部屋へ戻り、冷蔵庫に保管してから、なにくわぬ顔で相手先へ出かける。

仕事を終えて、夕方、ホテルへ戻ると、冷蔵庫の中からエサ袋を取り出し、公園へ向かった。今日も例のワンちゃんの姿があり、昨日と同じように地面に置いてあげたパンを貪るように食べはじめる。

「……ん？」

昨日と同じ天気、風景だが、今日はなにか違う雰囲気を感じる。なんとなく人の気配を感じるのだ。

ふと顔を右へ向けると、ひとりの女性が立っていた。三十代半ばだろうか、白のTシャツに淡いピンクのスカート、その下にはサンダル履きのナマ足が見える。

目が合うと軽く会釈をしてきたので、私も目礼を返す。

「素晴らしいですね、野良犬の面倒を見てあげるなんて……」

女性が口を開いた。

つい、このパンはホテルのバイキング朝食で失敬したものですと言いそうになった

が、さすがにそれはやめにして、

「出張で、日曜からあのホテルに泊まっているんです。たまたまウォーキングしていたら、お腹《なか》を空《す》かせたワンちゃんがいたものですから」

と返す。公園などで野良犬、野良猫にエサを与えるのを禁止している自治体は多い。慎重に答えたほうが賢明だと思ったからだ。

「そう言えば、昨日もパンを与えておられましたよね。今日と同じぐらいの時間でした」

彼女が笑顔を浮かべた。

「あ、見ておられたんですか」

「ええ、たまたま通りかかったもので。心温まる、いい眺めでした」

どうやらエサを与えたことに文句を言いたいのではないらしい。少し安心し、

「よかったら、座りませんか」

彼女を促して、私の右隣に座らせる。

公園の一角にあったベンチが、私と彼女だけの世界となった。

「猫は自分のテリトリーというか、安全だと思う場所に持っていってからエサを食べ

る習性があるようですが、犬は、こうしてその場で食べるんですね」

「そう言われれば、そうですね」

他愛ない話で盛りあがる。

肩までの髪、つぶらな目と、すうっと通った鼻すじ。そして、薄めの唇からこぼれる白い歯がチャーミング。ここは東北だから、きちんと和服を着るとミスササニシキかミスつや姫なんかのコンテストで、いいところまでいくのでは、という美人だ。Tシャツから下着がぼんやりと透けて見え、胸はDカップぐらいはありそうである。

女性は、この近所に住んでいて、夕方の運動がてらにこの近くを歩いていたのだそうだ。

「あら、でも、この犬、なかなか二個目のパンを食べようとしないですね」

女性が不思議そうな顔をした。

「昨日と同じパンだから、飽きたのかな。今日はウインナーを喜んでたけど」

そのとき、犬がワンワンと吠《ほ》えはじめたと思うと、ベンチの裏から同じ大きさくらいの白い柴犬が現れたが、その犬を見た女性が一瞬、凍りついたような表情をした。

「どうしました？」

「あ、いえ……」

女性が白い犬を知っているように思えたが、それ以上触れないことにした。

白い犬がパンを食べはじめると、彼女が口を開いた。

「きっと、今現れたあの犬にパンを譲ったんでしょうね。やさしいワンちゃんです」

そして、彼女はつづける。

「ほら、犬って飼い主に似るっていうじゃないですか。あのベージュの犬はあなたのことを飼い主だと思っているから、あなたのやさしさがあの犬に伝わってるんです」

「いや、そんな……」

私は照れた。

「いえ、きっとそうですよ」

白い犬がパンを食べ終わり、ベージュの犬の顔や耳を舐《な》めはじめた。なんとも微笑《ほほえ》ましい光景である。

「なんだか、パンをもらったお礼をしているみたいですね」

彼女が笑った。

今度は、ベージュのほうも白い犬の顔を舐めはじめた。

「ラブラブなんでしょうかね」

私がそう言ったときである。

「ああ……いやっ。あの子ったら」

彼女が声をあげ、右手で両目を伏せ、左手を私の太ももに置き、上体を傾けてきた。

なんと、ベージュの犬が白い犬の背にまたがり、交尾をはじめたのだ。ベージュの犬が腰を前後に使いはじめる。

「そんな、恥ずかしがるものでもないですよ。動物たちにとっては、自然な行為なんですから」

私はそこまで言い、またつづけた。

「あのベージュのほうは私に似てるという、あなたの言うとおりかもしれません。やさしいというより、手が早いんです」

彼女は私に上体をよせ、目を伏せたままだ。

「大丈夫ですよ。メスのほうも別にいやがっているわけじゃないようですし」

そう言い、私は左手で彼女の左の二の腕をさすり、右手で肩を抱いた。彼女も目の覆いを取り、犬の様子を見はじめる。

「そうですね。動物たちの自然な行為なんですよね。なんだか、あたし……」

と言ったところで、ベージュの犬が腰の動きを止め、白い柴犬の背から降り、地面にゴロンと横になった。

「先ほどの飼い主に似るという話ですが、ベージュの犬が自己チューなのと手が早いのは、確かに私に似ているかも……」

一部始終を見終え、私は感想を述べた。

「いえいえ、自己チューの人は、パンをあげたりしませんよ。部屋でテレビ見ながら食べてます。やさしい人だな、と思ってました。この手だって……」

彼女がそう言ったところで、私はまだ彼女の二の腕と肩を抱いていることに気づいた。あわてて右手を戻し、左手も引っこめようとすると、彼女がつかんできた。

「手が早いからではなくて、ドキッとした私を安心させようという、やさしい気持ちからでしょう」

目を閉じ、唇を私の顔に向けてきた。

「いえ、ベージュの犬同様、手が早いんです」

私は彼女と唇を合わせた。舌が入ってきたのを感じ、舌をからませる。

ゆっくり唇を離す。

無意識下の行動は怖い。いつの間にか私の左手は、彼女の胸をTシャツの上からさわっている。

急いで手を引っこめると、彼女がクスッと笑った。

「すみません。つい、手が早いもんですから……」

「いいえ、とってもやさしい手でした。ふふふ」

そして、もう一度目を閉じて、唇を突き出してきた。

もちろん、ふたたび唇を重ねてゆく。今度も彼女から舌をからませてきた。

右手で彼女の髪を撫で、左手をスカートの中に潜りこませる。

ナマ足の温もりを感じながら、パンティーの上から中指と人さし指で秘部を撫でてから手をうしろにまわし、パンティーをズルズルと引き下ろしていく。

「ううん」

彼女の鼻息が頬に触れる。

私はパンティーが太ももまで下りたことを手のひらで確かめると、中指を陰裂に忍ばせた。ヌルッとしたやわらかさと温かさとを味わいながら、ひとしきり抜き挿ししたところで指を抜き、唇を離した。

彼女は少し潤んだ目で私の股間をズボンの上から撫でている。

私はあたりに誰もいないことを確かめると、ベルトをゆるめ、ホックとファスナーを開き、ズボンとトランクスを膝まで下げ、ベンチに浅く腰かけた。

彼女は私の屹立《きつりつ》を右の手で握ると、髪をかきあげながら口に含んだ。

心地よい温かさと舌触りに、屹立がさらに硬度を増してくる。

「ああ、とっても気持ちいいです」

私が声をあげると、今度は頭を上下に動かしはじめた。

チュパッ、チュパッ……。

卑猥《ひわい》な音が耳に届く。

ここで彼女は屹立から口を離すと、腰を浮かしてパンティーを下ろし、足首から引き抜いた。

浅く腰かけた私に背を向けた状態で腰を下ろしながら、私の屹立をつかみ、自らの花芯へと導いた。つまり、背面座位である。

そして彼女はゆっくりと腰を上下させ、抜き挿しをはじめた。イチモツは先ほどの口とは違う温かさと、締めつけを感じる。

「はあん、はあん」

押し殺した彼女のあえぎ声が漏れる。

両手で彼女のスカートを尻の半分ぐらいまで上げる。真っ白い尻が現れ、割れ目の先に、我が男根が姿を現したり、消したりしているのが見えた。

その両脇には縮れたヘアと肉ヒダが、手前には菊の門がヒクヒクしている。

私は両手を彼女の前にまわしてTシャツに潜りこませ、ゴムまりのような乳房の感触を味わう。

いよいよフィニッシュを迎えるべく、彼女の尻をつかんで激しく上下させる。

射精感が訪れた瞬間、私は急いで彼女の腰を持ちあげ、男根を引き抜いた。

「ああん、いやん」

彼女が声をあげたが、中に出すわけにはいかない。

ドピュッ、ドピュッ。

撃ち出した白濁液が彼女の太ももの裏側ではじけた。

「あ、ちょっと待ってください」

もう一度、私の上に腰を下ろしそうになった彼女を中腰にさせたまま、太ももを伝い落ちる精液をハンカチできれいに拭い取ってやる。

「やさしいんですね」

「いえ、自分が汚したものの始末は自分が……」

「うふふ」

彼女が笑った。

身支度を整え、ベンチに並んで腰を下ろす。

「さっき……白い柴犬がいましたね」

「ええ、メスの」

「実は、私が去年まで飼っていた犬みたいなんです」

「えっ。あの犬が……」

そう言えば、彼女があの犬を最初に見たとき、なんともいえないリアクションをしたことに合点がいった。

「去年、飼いきれなくて、知り合いに譲ったんです。でも、あれから連絡を取り合ってなかったんですが、どうやら捨てられたみたいです」

「そうですか」

「私、あの犬を家に連れて帰ることにします」

「ええ、そのほうがワンちゃんも幸せですよ」

ガサガサと葉ずれの音がして、先ほどの白い柴犬がふたたび顔を出した。

「おいで」

彼女が声をかけ、犬を抱きあげた。

「でも、これだと私もオス犬もヤリ逃げですね」

「そんな……」

ふたり同時に声をあげて笑った。

不法占拠屋の女

埼玉県・会社役員・六十八歳

俺が三十代半ばのころ、関連企業が競売で落札したマンションの一室で第三者による不法占拠があった。

弁護士を通じて退去を求めたのだが、不法占拠屋の男女三人が拒否しているうえに、背後に暴力団がいるとのこと。

弁護士の調べで、不法占拠中の男ふたりは中年の高槻《たかつき》と太田《おおた》、そして、女は綾子《あやこ》と判明。男ふたりはクセのある顔つきをした大男で、彼らといっしょに綾子もふてくされた顔で威嚇しているという。

困りはてた弁護士から俺に援助要請が来たので、大学時代の後輩の坂本《さかもと》と中橋《なかはし》とで乗りこんだ。坂本と中橋は元プロボクサーで、全日本の中量級の二位と三位まで進んだ猛者《もさ》である。

不法占拠屋の高槻と太田は、元ボクサーたちを見て勝ち目がないのをすぐに悟り、すぐに逃げ去った。

逃げ遅れた綾子は、その場にへたりこんでいた。恐怖で震えてはいるものの、虚勢を張りながら、逃げるチャンスをねらっている。

俺たち三人が通せんぼで立つと、ハンドバッグから病院の診察券をさっと取り出した。

「おまえら、あたしに悪さするなら覚悟しとけよ。あたしは梅毒だよ」

俺たちはびっくりして顔を見合わせた。

「性病科の診察券だ。梅毒で治療中のあたしを強姦《ごうかん》したら、梅毒をうつしてやるからね」

坂本と中橋は、強姦する気がないのに、怖がって一歩下がった。

「どうだ、わかったか」

綾子がふたりをにらむ。

俺は内心、おもしろくなってきたと綾子を観察した。

偽悪のための、趣味の悪い洋服と髪型。虚勢のふてくされも、どことなくぎこちない。それによく見れば、かわいい顔だち。少し痩せ気味だが、どこにでもいるような、ごく普通の女だ。

俺は坂本と中橋を先に帰し、説得をつづけるべく、ひとりで残った。

すると綾子は、俺がひとりになって、秘密に強姦する気だと勘違いした。

「ひ、ひとりでヤル気か。あたしは梅毒だよ。わかってんのか」

俺の目の前に診察券を突き出したので、さっと取りあげた。

「あっ、返せ、ばか！」

見ると、診察券の病院は性病科ではなく、泌尿器科。しかも初診日は二年前。病院の所在地も新幹線で五時間のところだった。

つまり診察券は本物でも、梅毒以外の軽い病気なのに梅毒だと強弁していたのだろう。梅毒なら、どんな男でもひるむはずだから、診察券で自分の身を賢く守っていたのである。

おそらく占拠仲間であっても、悪党の高槻と太田のふたりに強姦される恐れがあったから、偽りの病名で身を守っていたというのが真実だろう。

急にそんな綾子がかわいそうに思えてきた。

「梅毒だぞ、あたしに近寄るな」

綾子が俺をにらんだが、その目には怯《おび》えの色が濃く浮かんでいた。

「梅毒か。俺は別に梅毒でもヤルよ」

その気もないのに、わざと言ってみる。

「な、なに。おまえ、ばかか。本当に梅毒だぞ」

「俺は、女のお尻が大好きでな」

「……え？」

「おまえのお尻でヤル。お尻は梅毒と関係ないだろ。それとも、お尻も梅毒か」

肛門性交なんぞにまったく興味はないが、とっさに出たおどし文句だった。

「お、お尻って……ばか野郎、お尻でも梅毒はうつる、うつるに決まってる」

「へえ、それは珍しい学説だな。なら、本当にうつるかどうかやってみようや。早く脱いで、こっちにお尻を出せ」

俺は一歩前に出て、ズボンのベルトをはずすまねをした。

「ギャーッ」

綾子は悲鳴をあげ、部屋の隅にうしろ向きでまるくなって震えた。

梅毒のおどしが利かないうえに、想定外のお尻の危機が急に発生したのである。梅毒なら強姦される心配はないだろうが、お尻なら犯される危機が本当にありそうだったから、パニックに陥ったようだ。

綾子の態度の激変に、こいつ、本当はかよわいんだなとびっくりした。

それに綾子の怯えかたが本物なので、俺はお尻のおどしを少し反省した。

「こっちへ来い」

「いやだ。助けて。お尻なんかいやだ」

綾子がまだ必死に虚勢を張っているので、おどしをつづけた。

「早く脱いで尻を洗え。いや、俺がきれいに洗ってやろう。脱げ」

綾子の全身が恐怖でブルッと震えたのを見て、これ以上のおどしは無用と思った。

「お尻は、いやか」

「いやだ。やめてください。いやです」

「いやなら、無理強いもできんな。お尻の前に腹へった。焼肉、食いに行くからつき合え」

「え……焼肉……？」

綾子の口がぽかんと開いた。

焼肉屋で綾子が五人前食っている間に、ビジネスで鍛えた誘導尋問で彼女の半生を聴き出した。

それによると、親の虐待と貧乏で進学を諦めて男に頼ったが捨てられ、仕事を転々。やることすべてが裏目に出て、ついに不法占拠の要員として誘われたという定番の不幸ストーリーだった。

焼肉のあと、綾子が「あそこを出たら、宿がない」と嘆くから、知人のアパートの家主に頼んで部屋を確保してやった。そのうえ、もの好きにも当面の生活費を貸し、新しい洋服を買わせて美容院にも行かせた。

すると二十日後、きちんと俺に報告に来てくれた。

「興信所に就職できました。社会保険も完備のきちんとしたところです」

思ったとおり、賢い女だったようだ。

そして八カ月後、綾子が俺を高級ホテルの地下のバーに誘い出した。

「仕事の報奨金が、少し貯《た》まりました」

俺は驚いた。一年たらずの新人が、報奨金を貯めたとは、やはり優秀だ。

「この仕事、私にぴったり。長くやりたいです。全部あなたのおかげです」

「俺はなにもしてないよ」

「うわっ、その謙遜《けんそん》。やっぱり男の貫禄ですね」

なんの屈託もないお世辞で、俺も苦笑するしかなかった。

「私には一宿一飯以上の恩義があります。これからつき合ってください。お願いします」

ホテルの最上階の、予約済みのスイートルームに連れこまれた。どうやら肉体をくれるようだが、俺は生来のゲスだから、遠慮なくもらうことにした。

しかし、そこからふたりとも変な緊張で動けなくなったので、俺から動く。

「俺、お風呂で体、洗ってくるわ」

「えっ。はい、お待ちしています」

浴室で全身を流し、全裸にバスローブ姿で出た。入れちがいに綾子が、変に急いで浴室に駆けこむ。

その間、俺はラブホテル利用の悪癖で、無料サービスのコンドームを探したが、高級ホテルにあるはずもないから苦笑する。

ただ綾子は賢いから、ゴムを持っているか、安全日だろうと考えた。

二十分後、綾子もバスローブ姿で出てきた。俺がバスローブを脱がすと、裸ではなく、純白のキャミソールとブラジャーにショーツを着けていた。

乳房が胸の高いところで下着をツンッと盛りあげ、腰はキュッとくびれている。ショーツから伸びる真っ白な太ももに、俺の股間がモゾッと動いた。

「きれいな肌だし、スタイルもいいな。頭もいいし、本当にいい女だ」

「そんなお世辞、信用しません。私、ばかでマヌケで、自分のことが大っ嫌いですから」

「そんなことはない。今や仕事でもがんばってる、いい女だよ」

俺の言葉に、綾子が泣きはじめた。

「なんで、そんなにやさしいんですか……」

ぶつかるよう寄ってきた綾子に、そのままベッドに押したおされた。

綾子が万感の思いをこめた表情で、ブチュッと唇を重ねてきた。すぐに舌と舌をからませ、吸い合う。

そのうちに落ちついてきたと見え、綾子が「やだ、私、上にいた。恥ずかしい」と照れた。

「お願いです。私を下にしてください」

「ああ、いいよ」

綾子を抱いて体勢を入れかえ、正常位にすると、綾子が急に震えはじめた。

「どうした？」

「あの、信じていただけないでしょうけど、私、セックスが怖いのです。やさしくしてください」

占有屋のときのイメージとは違いすぎだが、セックスになんらかのトラウマをかかえているようだ。

「わかった」

「ありがとうございます」

綾子は安心したように眼《め》を閉じ、体から力を抜いた。

俺がバスローブを脱ぐと、勃起がビロッと跳ね出た。亀頭の先から先走りの粘液が垂れている。

ゆっくりと綾子のキャミソールを脱がしてゆく。

「ああ……ダメです、恥ずかしいです」

両手で顔を隠した。

ブラジャーを取り去ると、綾子は両手で乳房を隠した。

つづいてショーツを脱がすと、覚悟しているはずなのに、震えながら両手で股間を隠した。

彼女のセックス恐怖症を治すには、絶頂を感じさせるのがいちばんだ。そしてはじめて交わる女性には、やさしく、まったりとキスをつづけるのが最良の前戯だ。

そんなキスをつづけているうちに、綾子は「もう私の体を、好きなようにしてください」ととろけた。

あとは綾子が感じるところを愛撫《あいぶ》し、挿入で昇天させるだけだ。

最後に残しておいたクリトリスを、唾たっぷりで舐《な》めあげる。

「ひいっ」

腰がカクカクッと上下し、両手を強く握って、体を痙攣《けいれん》させた。漏れつづけた愛液が肛門からお尻のほうへ流れて、シーツをジュクジュクにしている。

俺の勃起は爆発寸前。挿入したいが、綾子のアクメのほうが先だ。ふたたびクリトリスをやさしく執拗《しつよう》に舐めつづけているうちに、綾子の両脚が伸びた。

「ああ、こんなのはじめて。ダメ、怖い。あっ、あぁぁ」

綾子は眼を閉じてあごを上げて、男には理解できないところで絶頂が来た。

「うっ、ううっ……」

腰と後頭部で小さなブリッジを作って、綾子はベッドに崩れ落ちた。

体を少しまるめ、綾子は快感の余韻に浸っている。

彼女に性の歓《よろこ》びを体験させられたことが素直にうれしかった。だが、俺の射精はまだだ。がまんも限界で、綾子をM字開脚にした。

「あっ」

いよいよ挿入されるのだと思い、緊張でふたたび体を固くする綾子。その股間は脂肪が乗ってむっちりとし、恥毛は逆三角形にきれいに切りそろえられていた。

大陰唇は少しぷっくりして、小陰唇は薄墨色のゼラチンみたいな感じだ。

俺は右手で勃起を握り、亀頭を膣口につけた。

「痛かったら言って、すぐにやめるから」

「大丈夫です。お好きなようにしてください」

「入れるぞ」

「はい」

腰を突き出すと、亀頭がヌプッと入った。

「うっ」

綾子がのけぞる。

「痛かったか」

「大丈夫です……もっと入れてください」

ふたたび腰を使い、勃起の根元まで突きこんだ。

「ああっ、奥まで入った」

なんの快感もないうめき声である。今の綾子には、セックスは楽しいものではなさそうだ。

だが膣内は温かく、締まりもほどほどで、男としては不満はない。

「奥のほう、痛くないか」

「……痛くありません」

「動くぞ」

「はい」

最初の交わりから綾子に絶頂を極めさせるのは無理だ。今回は俺だけが射精すればいいと決めた。綾子も自分の快感より、俺の満足を優先してくれるだろう。

最後のピストンをがんばったら、とたんに射精感がこみあげてきた。

「出る、出るぞ、いいか」

「えっ、あっ、はい」

「ゴムなしでも、本当にいいんだな？」

「はい、はい」

最後とばかりに腰を打ちつけ、ドバッと射出した。

精液が尿道口を通る快感に「うっ」となって、綾子の肉布団の上に落ちる。

勃起が抜け落ち、綾子は明らかにホッとしている様子だった。

その日からやさしいセックスをつづけ、三週間後に綾子は挿入での絶頂を得た。

そのあと、綾子は興信所の仕事に邁進《まいしん》。一年後に独立し、興信所の社長となった。

そして、そのまま事業拡大のはずだったのだが、ばかな刃傷《にんじょう》事件に巻きこまれて新聞ざたとなり、一挙に信用を失った。

不幸な生いたちで同情されるべきだが、生来の思いと行動が、世間一般とずれるのが彼女の難点だった。

このあともなく、綾子は俺の前から消え去った。

台風の置き土産

東京都・ＯＬ・三十一歳

大型の台風が関西に上陸することは、天気予報で知っていた。

私の上司はなんとかなるだろうと呑気《のんき》に構えていて、関西への出張も予定どおり決行するよう指示を出す。

私は三十一歳、独身、二年ほど彼氏なし。営業職に移って三年がたち、仕事の楽しさが少しだけわかりはじめたころである。

金曜日の早朝に東京を発《た》ち、朝から京都で打ち合わせ。こんな出張を三カ月に一度ほどはこなすようになっていた。

「森永《もりなが》さん、ようこんな日に出てきたたな」

京都支社の社員の人はみんな明るく、気さくに話しかけてくれる。会議といっても堅苦しさはなく、あっという間に時間が過ぎる。

「さてと、お昼にしよか」

一時が過ぎ、部長が声をかけると、スタッフがざわついていた。

「電車、止まってるらしいで」

「嘘《うそ》や？」

「帰ってええやろか」

ふと外を見ると、街路樹が左右に大きく揺れている。

「森永さん、明日は滋賀県やったっけ？　無理やん」

「そんなにひどいですか？」

「みんなもう帰ってや！　電車も止まりそうやで」

午後からの会議は中止になり、オフィスにいる全員に帰宅指示が出たらしい。

社内が急に慌ただしい光景に変わる。

「森永さん、明日はあきらめや」

そんなことを言われ、宿泊予定のホテルまでたどり着けるのかさえ私は不安になっていた。

地下鉄に乗り、なんとか京都駅まで到着する。

ところが、京都駅には途方に暮れる観光客があふれ返っていた。日本語以外の言葉が響きわたり、駅員が対応に追われている。

私は明日の状況を確認し、上司に報告したいのだが、携帯電話で調べてもうまく情報を得られない。

自然災害だけにしかたがないのだが、吹きつける風の音、生暖かい空気が、さらに駅構内にどんよりした空気を漂わせていた。

私は、スマートフォンを見ながら座っていたひとりのスーツ姿の男性に声をかけた。

「すみません、滋賀県に行く方法は、JR以外だとなにがありますか?」

「滋賀県のどこですか?」

「えっと、草津《くさつ》市です」

「草津ね……車しか無理やと思いますよ。そやけど、今から行くの?」

「いえ、今日は中止で明日です」

「明日か……絶望的ちゃいますか?」

「ほんとですか?」

笑顔で答える彼の目尻にしわがある。四十代だろうか。

「電車も止まるみたいやし、タクシーで行っても、けっこう時間がかかりそうやし」

「そうなんですか……」

「俺も今、同僚待ちやけど、大阪京都間の電車だって動いてないからな」

私にはこちらの土地勘がないので、彼がいろいろと話していることがよく理解ができなかった。

「どこから来はったん？」

「東京です」

「そうなんや。出張？」

「はい」

「台風が来るのわかってたやん。なかなか無謀やな」

彼はポケットから携帯を取り出し、なにかをチェックした。

「やっぱりあかんわ。完全ストップや。電車が止まるってよっぽどやで」

「そうですか……」

「もう待っててもしゃあないわ。なんか飲む？」

彼が立ちあがって、自動販売機を指さした。

「ありがとうございます」

「待って。売り切ればっかりや。せっかくやし、喫茶店でも行こか？」

私は目の前の誠実そうな男性になにかを感じたのかもしれない。どうせ状況は変わらないのだから、上司への報告はあとでいいだろう。

大荒れの京都駅をあとに、私は彼の車の助手席に乗りこんだ。

畑山和伸《はたけやまかずのぶ》、四十三歳。仕事は電子機器メーカー勤務。左薬指に結婚指輪。

宿泊先の近くの喫茶店で、ホットケーキを食べながら小一時間ほど話している。

私は少しはしゃいでいた。出張先で、初対面の男性と楽しく会話をしているのが不思議だった。

聞き上手の彼がやさしい目で私を見るたびに、自然と私も笑顔になる。

「明日、どうなったか教えてや。なんか気になるし」

「はい、もちろんです」

私たちは連絡先を交換して別れた。

こうして、翌日からふたりのＬＩＮＥのやりとりがはじまった。

「滋賀県ゆきはキャンセルになりましたが、今日の夜、東京に戻れそうです」

「そう、気をつけて」

はじめは挨拶程度だったのが、気づけば、里沙《りさ》ちゃん、和伸さんと名前で呼び合うようになっていた。

LINEのやりとりは毎日となり、いつのまにか私は、メッセージが届くのをドキドキしながら待つようになっていた。

「関西は九月なのに暑くてうんざりです」

「こっちは少し涼しいです。半袖のビジネスマンは関西の人なのかな？」

こんなやりとりでさえ、心が躍るのだ。

いつしか私はオナニーをすると、和伸さんとの情事を妄想し、激しく悶《もだ》えるようになっていた。

十歳以上も年上の男性。どんなテクニックで女性を絶頂へ導くのだろう。

会いたい。会って抱かれたい。勝手な欲望と好奇心が私を支配する。

すると、和伸さんからうれしいLINEが届いた。

「再来週、木曜から浜松《はままつ》に一泊二日で出張」

「私も友達に会いに行こうかな。夜ご飯でもいっしょにどう？」

あなたに会いたいから私も行くと言えば簡単なのに、素直に言えない。

私の下手な嘘を、彼はどう受け止めるか、不安な気持ちで返信を待つ。

「オーケー」

あっさりスタンプが返ってきた。私は遠足を控えた子供のように、浮かれはじめていた。

有給休暇を申請し、ワンピースを買い、美容院とエステにまで行って準備をする。

あっという間に二週間が過ぎ、当日を迎えた。

「仕事が終わったら連絡してね」

「了解。七時すぎには終わる予定」

私は夕方から浜松に向かい、駅ビルで時間をつぶすことにした。

やっと和伸さんに会える。といっても、まだ二度目なのだ。何度も鏡でチェックをし、再会の瞬間を待っていた。

七時が過ぎ、あと五分とメッセージが入る。目の前の交差点をじっと見つめながら、和伸さんの気配に集中する。

するとと、スーツ姿の和仲さんが近づいてきた。私は思わず大きく手を振っていた。

「元気そうやな」

「うん、和仲さんも！」

抱きついて甘えたい衝動を抑え、平静を装う。

さっそくふたりで居酒屋に入り、向き合って座ると、あの喫茶店の感覚が蘇《よみがえ》ってきた。

「昼間はなにしてたん？」

「ああ。大学時代の友達が結婚してこっちに住んでるから、家に行ってたの」

きっと嘘だとばれている。でも、和仲さんはそれ以上は話をふくらますことがない。

「和仲さんは……つき合いで飲みに行かなくてもよかったの？」

「今日は里沙ちゃんと飲むって決めてたから」

「ありがとう」

ふたりで改めて乾杯をする。木曜日の夜だからか、店には空席が目立つ。

「ホテル、どこ泊まんの？」

「それがまだ予約してなくて……」

「そうなんや。俺のとこ来るか?」

「……うん」

私の顔はきっと真っ赤になっているはずだ。思わずうつむき、息を吐く。

和伸さんはずっと笑顔で話しかけてくれているのだが、私はこれからのふたりの夜を思うと、火照りはじめた身体を止められずにいた。

「行こか」

時計はまだ九時だった。まだ飲みに行くことはいくらでもできるのに、彼はなにも言わずに店を出た。

駅前のホテルは酔っぱらったビジネスマンが多い。大きな声で騒ぐ三人組が前から歩いてくる。

和伸さんが私の手を握った。私はしっかり握り返し、和伸さんを見て微笑《ほほえ》んだ。

部屋はシンプルなツインルームだった。ふたりが同じ気持ちだったと実感した瞬間だった。部屋を見わたす私を、和伸さんがふっと抱きしめた。

長い抱擁が、緊張感を高める。

「なんでやろ。ずっと会いたかったわ」

「私も……」

やさしい声が私の耳に響く。うれしくて涙が出そうになる。

「キスしてええか？」

「うん」

そっと和伸さんの唇が触れた。そして、すぐに離れた。

「緊張で唇、乾燥してんねん」

「えっ。乾燥？」

ふたりで向かい合って微笑み合う。

指で和伸さんのかさかさの唇をなぞり、もう一度口づけた。舌をからめ合い、何度も貪り合う。

「シャワー」

「あとからでいいやん」

和伸さんは私をベッドにゆっくりと倒すと、ネクタイをはずし、ズボンのベルトに手をかけた。

私もワンピースを脱ぎ、ブラジャーをはずし、キャミソールとパンティー姿で横たわる。

「かわいいな」

「恥ずかしい……」

何度もキスをしながら、彼の手のひらと指先が私の素肌をゆっくりと往復する。

ひたすらこのときを想像し、飢えていた私の身体が匂いたつ。

大きな手で乳房を包みこまれ、ときどきコリコリと乳首をいじられるだけで、あそこがたっぷり潤ってきたのがわかった。

「はあっ……」

呼吸が苦しい。全身に鳥肌が立つ感覚に襲われ、私の身体はさらに敏感な反応を見せはじめた。

彼の舌が乳首をやさしく舐《な》めまわし、そのまま下腹部までゆっくり下がる。そして、また硬くなった乳首に戻る。そのたびに私の身体はのけぞり、吐息が漏れる。

温かい手が私の太ももにそえられ、外側から内側へと円を描きながら遊んでいる。

繊細なタッチが、私をさらに狂わせはじめる。

「ああ……和伸さん……」

パンティーと素肌の境界線を指先でなぞられ、じれったさに悶える。

「やだ……はあっ……」

「あんまり大きな声出したらあかんで……」

パンティーの中に和伸さんの指が侵入し、私の割れ目に愛液を擦《こす》りつける。

「うっ……あっ、あ……」

甘酸っぱい匂いが充満しはじめる。

「里沙ちゃん、敏感やな」

「そんな……いじわる」

全身の力が抜けはじめ、私はだらしなく両脚をひろげていた。

「これ、いらんな……」

和伸さんがパンティーをずり下げた。

「いや……」

濡れそぼった秘部が露《あらわ》になり、羞恥心がこみあげる。思わず脚を閉じようとしたとき、和伸さんが顔を埋《うず》めた。

「ああ!」

和伸さんの唇と舌が私のクリトリスを探しあて、さらなる刺激を与えはじめた。

私はいやだと言わんばかりに首を左右に振るが、和伸さんは執拗《しつよう》に責めつづける。

「そこ……ああ……」

ボクサーパンツ姿の和伸さんも、驚くほど股間を硬くしていた。

「俺、すぐにイクと思う」

うれしい。こんなにも私に反応してくれている。私も彼を受け入れる準備は、十分すぎるほどできていた。

あんなに穏やかな笑顔の和伸さんが、獣の顔をして私を見下ろし、熱くて硬いペニスを秘部に擦りつける。

「いやっ……うっ……」

ゆっくりとペニスの先がねじこまれた。

「ああ、あ、あ、ああん」

「ああ、里沙ちゃん」

彼が私を抱きしめ、動かないよう固定する。そして私の上半身を起こし、対面座位にすると、私の奥深くにとどまった。

「やだ、やだ……ダメ、気持ちいい……」

自然と腰が前後に動き、もっと欲しいとおねだりするのに、彼は私を簡単に絶頂へはいかせない。

「気持ちいい……」

「俺も気持ちいいで」

まるで音楽を聞きながら愛し合っているかのように、快感の波がゆっくりと私の身体に襲いかかる。

彼の限界も近づいているのか、私を横たえるとリズミカルに腰を使いはじめた。

「あっ……イク！」

「はあ、ああ、待って……イッちゃう……ああ」

はじめて味わう快感だった。彼の射精で私のすべてが満たされる。そして、私は思わず口走っていた。

「私……嘘をついてたの」

「嘘ってなんや？」

「浜松に友達いないの」

「え。ほな、俺に会うために浜松に来てくれたん？」

「うん……」

彼の目が、ぎらついた獣の目に変わった。

「嘘ついたんやから、お仕置きせなあかんな」

彼が私に覆いかぶさってきた。

添い寝の記憶

――神奈川県・パート従業員・五十七歳

二十二歳で地方から上京してきた俺は、家庭を持つこともなく、都内のアパートでひとり暮らしをつづけてきた。しかし、都会での生活にだんだんとストレスを感じてきてしまい、気分転換を兼ね、数年前に神奈川県のハズレに引越しをしてきたのだ。家賃五万円の小さな借家。幼稚園の敷地内にあり、大家は園長先生だ。

部屋の前は草がぼうぼうと生えた空き地になっているのだが、ここは昔、園児たちの芋掘り体験として使われていた畑だったらしい。

野菜作りなどそれまでまったく興味はなかったのだが、たまたまホームセンターで野菜の苗を見つけ、ほんの気まぐれで植えてみたところ、自分でも驚くくらいおいしい実がなった。

以来、家庭菜園にはまってしまい、その空き地を借りて耕し、本やネットで調べながら野菜作りに精を出すようになった。

「いつもありがとうございます。野菜、いつももろてますぅ」

あるとき畑で作業をしていると、とつぜん若い女性に話しかけられた。茶髪のショートカットで、小柄な明るい感じの人だ。

「ああっ、ミニトマトがいっぱいや」

この女性の子供なのだろうか、男の子が勢いよく、畑の中に駆けよってくる。

実はこの借家の奥が駐車場になっているので、いつも園児の送り迎えのために親たちが通る。作った野菜はとてもひとりでは食べきれないので、ドアの前に大きなカゴを置き、自由に持っていってもらうようにしていたのだ。

「いやあ、なんせこっちは素人なもんで、あんまし味には自信がないんだけどね」

「いえいえ、メッチャおいしいです。この子も特にミニトマトが気に入ってもうたようで、よう食べるんですよぉ」

ちょうど小玉スイカが食べごろになっていたので持たせてあげると、喜んで帰っていった。

それからというもの、顔を見れば挨拶したり、立ち話をしたりするようになったのである。

彼女は関西の出身で、現在三十一歳。二年前に離婚して、横浜《よこはま》に住む友人を頼ってこっちに出てきたそうだ。現在はアパートを借りて母親を呼び、子供と三人で暮らしているという。

「ねぇ、今度バーベキューするからおいでよ。俺、いつも畑ン中で肉焼いて飲んでんだ。よかったらお母さんも誘ってさ」

土曜日の昼間、彼女たちがやってきた。目の前で採れたピーマンやナスなどをすぐに焼いて食べるのははじめてらしく、

「スーパーの野菜とはぜんぜんちゃう。ホンマおいしいわぁ」

と、お母さんも楽しそうにしている。

みんなでワイワイ騒ぎながら酒を飲むなんて久しぶりなので、俺もうれしかった。

夕方、薄暗くなってきたころ、お開きにした。アルコールを口にしなかった彼女が車を運転して帰ってゆく。

俺はまだ飲みたりなかったので、そのあともひとりでチビチビやっていたのだが、小一時間ほどすると、彼女だけが自転車に乗って戻ってきた。

「あれっ、忘れ物？」

「なに、言うてはるんですかぁ。これからが本番やないですかぁ」

彼女は笑いながらそう言うと、わたした缶ビールを一気飲みした。

先ほどまでは車の運転があったのでがまんしていたけれど、本当はかなりいける口だったのだろう。豪快な飲みっぷりである。

「今日はホンマありがとうございました。オカンも息子も喜んでましたワ。またミニトマトのおじちゃんとこ行こなぁ言うて」

暗闇のなか、炭火の明かりだけを頼りにする会話は、心にかかえた闇までも解放するのだろうか。彼女は酔いが進むにつれて、これまで歩んできた人生のつらかった思いをぽつぽつと語りはじめたのである。

「オトンはウチがまだ小さかった時分に、とつぜん事故で死んでもうて、ほとんど記憶はないんです」

そのあと母親が苦労して自分と妹を育ててくれたので早く楽にしてあげたいと思い、

二十歳のときにかなり年輩の事業家の男性と結婚したものの、それまでうまくいっていた商売がだんだんと落ち目になると、その男は家庭をあっさりと捨て、逃げるようにして出ていったのだそうだ。

「オカンも歳《とし》なのに申し訳ないけど、掃除のパートやってもろてて、ウチも朝早よからWワークして、なんとか家族三人生きてる、いう感じなんですワ」

童顔である。大学生といっても通るかもしれない。そんな子が人生の荒波に揉《も》まれて生きているのだ。五十をとっくに越した俺がへらへらと、ただ脳天気に暮らしているというのに。

日々のストレスがたまっていたのだろうか、かなり速いピッチで飲んでいた彼女がうつらうつらと船を漕《こ》ぎ出した。疲れもそうとうにあったに違いない。

「オヤジくさくて申し訳ないけど、布団敷いたからそこで横になったらいいよ。俺、こっちの部屋で寝るからさ」

いつも使っている布団を敷いてあげると、すんまへん、と言いながらすぐに寝入ってしまった。

炭火を片づけただけで、食器洗いは明日にまわして俺も寝ることにする。

薄手の毛布一枚だけを持ち、そっと彼女の寝顔をのぞき見た。襲うつもりは毛頭ない。俺は人畜無害の「ミニトマトのおじちゃん」なのだ。彼女もたぶんそれをわかっていて、安心して戻ってきたに違いない。

電気を消し、隣の部屋に移動しようとしたときだった。薄っすらと目を開けた彼女が、ボソッとつぶやいたのである。

「なぁ、添い寝してくれはらへんやろか?」

「え……」

いきなりのセリフに驚いてしまった。

「そ、そりゃあ、べ、別にいいけど」

毛布を腹がけにして彼女の横に寝そべった。

昼間はかなり蒸し暑かったのだが、このあたりは田舎なので、網戸を開けていると風が通り、涼やかになる。

その風が運んでくるリンスの香りを嗅いでいると、下半身がなにやらもぞもぞとしてきた。女性との行為など、もう何年もないのだ。金もなく、風俗店へ行くこともない。必死に興奮を抑える。

「オトンの記憶はない、言いましたけど、いっしょに寝てたことは少し覚えとるんです」

するとと俺の胸に顔を埋《うず》め、クンクンと匂いを嗅ぎ出したのだ。

「ああっ、やっぱりオトンの匂いや」

逃げた元ダンナは酒もタバコもやらなかったので匂いが違っていたらしいが、亡くなった父親は俺と同じで、ヘビースモーカーの大酒飲みだったらしい。

「うふっ、いつもこないして寝てたんですよ」

彼女の右手が俺のチ×ポに伸びてきた。そして、ジャージの上からキュッと握ったのだ。

「子供心に珍しかったんですやろね、ウチにはついてへんし。風呂入るときもジッと見てたし。寝つくまでずっと触ってたワ」

あっという間に勃起してしまった。最近は実戦で使うことのない俺の名刀なのだが、錆《さ》びつかせてはいないのだ。

「そのたびにな、コラコラ触っちゃアカン。これはお母ちゃんのモノやさかい、言いながら笑ろてたんです。そのときはなんの意味かまったくわからへんかったけど、大人になってようやくわかりましたワ」

ケラケラと笑いながら、細い指をトランクスの中に挿しこみ、直接竿《さお》を刺激してきた。

「実は前のダンナ、ホンマは男が好きやったんです。ウチとの結婚も、まわりにバレないようにゴマかすための偽装結婚やったみたいです」

そんな身の上話を聞きながらも、まるで初体験のときのように俺は緊張していた。心臓がドキドキと激しく鼓動しているのを感じている。

「結婚してるときも、たまにしかウチとは関係がなかったんです。とくに息子ができてからはまったく手さえも握ってこんで。だから、いつもウチ、ひとりで慰めてましたワ」

彼女の手がずっと竿を刺激しているため、痛みを感じるほどに硬直し、脈を打っている。

「だから、抱いてくれはらへんやろか。ウチ、もう、ずっとしてないさかい」

たぶん、この子はファザコンなのだろう。亡くなった父親と同じような男性を見ると、精神的な安らぎを覚えるとともに、性的興奮も感じるのだ。

襲うつもりはなかったのだが、リクエストされたのならば喜んでお相手を務めることにしよう。

「じゃ、先にシャワー浴びようよ、汗かいてるし」

彼女のオレンジ色のTシャツを脱がし、俺も全裸になった。

風呂場の腰かけに彼女を座らせ、温度を確かめながらそっと湯をかける。そしてスポンジにたっぷりと泡をたてて、まるで貴重品を扱うがごとく丁寧に洗っていった。

肌理《きめ》の細かい肌。小さな手。かわいらしい足の指。強く曲げると簡単に折れてしまいそうなはかない首すじ。そのどれもが、いとおしく感じられた。

「あっ、アカン。そ、そこは…」

いわゆる福マンというのか、まるく盛りあがった丘の表面には毛が一本もなく、ぶよぶよとした肉片が縦に二枚重なって露出している。

中指に泡を乗せ、その部分をなぞるようにしてやさしく洗ってあげると、ビクッと体を固くした。

「先、行ってて」

体をバスタオルで拭いてあげながらそう言うと、ジッと俺の目を見つめてこう言う。

「いやや。ウチ、ここで待ってる」

子供のようにグズる。しょうがないので、チャッチャッと体を洗い、水気を拭うと、彼女の手を取って風呂場から出て、そのまま布団に倒れこんだ。

「久しぶりやさかい、やさしくしてな」

童顔の彼女の唇をすすり、乳首を舐《な》めまわしていると、なんだかいけないことをしているような気がしてくる。

俺はいわゆるロリコンではないのだが、幼児体形の白い女体はそれなりにいやらしく、そそられる。それも股間はまる出しの赤い亀裂なのだ。

薄い陰唇をペロリと舐めると、いきなりそれが軟体動物のように蠢《うごめ》き、パックリと開いた。

「ああっ、ええワ。気持ちいいです」

舌を挿しこんでそっと舐めまわすと、次から次に透明な淫液があふれ出てきて、口もとを濡らしてゆく。

「ひいいっ、い、イクぅ」

ふくらんだ赤い肉粒をやさしく愛撫《あいぶ》していると、ブルブルと体を震わせ、彼女は崩れ落ちていった。

お返しとばかりに、今度は彼女が俺の股間をしゃぶりはじめた。口を精いっぱい大きく開け、頬張っている。

「ここに乗って」

布団の上で胡坐《あぐら》を組んだ俺は、いわゆる対面座位というヤツを促した。

「ひいいぃ」

俺のモノに手をそえ、自分のそこに当てた状態で腰を下ろした彼女が、体を貫かれ、悲鳴をあげた。

「う、うわあっ」

俺のほうも、いきなり熱い刺激が亀頭の表面を襲ってきたために、つい声が出てしまった。

「いいっ、ああっ、いいです。アカン、感じるぅ」

お互いきつく抱き合ったまま、腰をぶつけ合う。

俺は彼女の腰に手をまわし、前後に、そして上下に、激しく動かしつづけた。

「いやあっ、アカン、アカン、気持ちいい、ああっ、死んでまうぅ」

「お、俺も気持ちいいよ。チ×ポがとろけそうだよ」

本当なら俺が大好きなバックからもやってみたかったのだが、父親の愛情に飢えている彼女のことを思い、そのままずっと体を密着させることができる体位をいろいろと試し、そしてフィニッシュを迎えたのだった。


そのあと抱き合ったままで深い眠りに落ちていったふたりだったが、朝、俺が目覚めたときにはすでに彼女はいなかった。

後日見かけたとき声をかけようとすると、とつぜん真っ赤な顔になり、

「ほとんどなにも覚えてへんのです。ホンマ、なにも覚えてへんのです。お願い、なにもなかったことにしてください」

そう言って、逃げるように駆けていき、それ以来よそよそしい態度を取られるようになってしまった。

当日、彼女はそうとう飲んでいたし、酔った頭で、あのような痴態に及んだのだろう。そして目が覚めたとき、中年オヤジの布団に裸で寝ている自分の姿に驚愕《きょうがく》し、あわてて帰ったのだ。

俺も飲みすぎて、前日の記憶がないなんてことはよくあるのだし。しかしまあ、若い子と一発ヤレただけでも儲《もう》けもの。とはいえ、俺は今でも妙な気分だけが残っているのである。

悪女の罠

埼玉県・会社役員・七十歳

私がまだ四十歳になったばかりのころ、フィリピン出張中にセブ島で巻きこまれた珍体験を、恥を忍んでお話ししたい。

無事に現地での仕事を終え、せっかくだからと一週間ばかり休暇をとり、観光することにした。

「お客さん、独身ですか？」

滞在三日目、ホテルの客室係のマリアとたわいのない会話をしていたとき、彼女がふいに真剣な顔つきで私に尋ねた。

当時はまだ私も独身だったので、そうだと答えると、

「私の妹のアンナ、お客さんにどうかしら？」

すかさず、ポケットから写真を取り出して見せた。

「……え？」

「ね、かわいいでしょ」

二十二歳、まだ大学在学中だという彼女の妹の写真を見て驚いた。本当に姉妹なのかと疑うほど、美人だったからである。

それに比べて、姉のマリアは二十代半ば、中肉中背。あまり特徴のない顔だちで、どうひいき目に見ても美人とは言えない。

「よかったら、会ってみてくれませんか？」

どうやら彼女は、妹のアンナとお見合いさせたいらしい。

「ま、会うだけなら……」

強引でいきなりだったからとまどいはしたものの、ヒマつぶしにと承諾した。

「ありがとう。すぐに電話して呼び出します」

マリアはうれしそうに姿を消した。

一時間後、マリアがアンナを連れてきたが、写真どおりの美人だった。

身長は一六〇センチくらい、面長で知性的な顔立ちをしている。しかも、肌はピチピチ、格好よい乳房がTシャツを盛りあげていた。

とてもマリアの妹とは信じられなかったが「姉妹だが、母親が同じで父親が違う」という説明で納得。

しかし、たった三分会話しただけで、当のアンナには本気で私とおつき合いする気がないとわかった。

おそらくアンナには現地の恋人がいて、日本人はお呼びでないのだ。

もっとも、四十代の私が二十二歳のフィリピン女性と結婚したら、周囲から「絶対にお金めあてだ。気をつけたほうがいい」と忠告されるのは目に見えている。

すると、マリアが声をひそめて、とんでもないことを言いはじめた。

「アンナと偽装結婚してください。入籍して日本に住んで、日本国籍も欲しい」

つまり日本人をアンナの配偶者にして、その家族までも日本で暮らせるようにしたいのである。

私はほとほと呆《あき》れたが、生来のカラカイ好きという悪癖が顔をのぞかせた。

「じゃあ、結婚式と来日費用、日本でのアンナの生活費などもとうぜん出してくれるんだよね。それと僕への謝礼も」

当時、週刊誌が偽装結婚の事件を報じていて、日本人男性への謝礼の相場は三百万円だとあった。

すると、マリアはしれっとした顔で言う。

「私たちは貧乏。日本人はお金持ちで親切。あなたに助けてほしいの」

「へぇ、つまり全部僕の負担なの。あ、でも、結婚だから、アンナとセックスはできるよね？」

わざと、そう返してやると、とたんにアンナが怒って、首を横に振ったので、マリアがつけ加える。

「アンナは処女、セックスはダメです。私たちの宗教は純潔を大事にします」

純潔を大事にする宗教でも、偽装結婚は推奨するのかと、私はつい笑いころげそうになった。

これまで仕事でも個人的にも、多くのアホらしい依頼をされた経験はあったが、ここまで厚かましい依頼は空前絶後だ。

怒りをグッとがまんして、私はただ表情のない顔をふたりに向けた。

それだけでもアンナには充分な衝撃だったようで、憤然と席を立って逃げるように去っていった。

思えばおかしな姉妹だ。アンナは冷淡で、マリアだけが日本人をからめとろうとあがいているのである。

結局、私は「グッバイ」と、きっぱり宣言して、その場から立ち去った。

これで諦めたと思ったのだが、そうはいかない。二時間後、マリアが私の部屋にやってきたのである。

彼女が安物の布バッグを近くのテーブルに置いたとき、ゴトンとなにか重量物のような音がしたが、私は気にとめなかった。

マリアは黙って洋服を脱ぎ、自分のブラジャーとショーツ姿を「どう？」と私に見せた。

顔は中の下くらいだが、肉体はベリーグッド。スラッとした肢体が見事だ。小ぶりな乳房が突き出て、両手両足がアンバランスなほど長い。

それからマリアは、挑発するように体をくねらせながら、浴室に消えた。

いったい、なんのつもりなんだ。偽装結婚の依頼に失敗したら、今度は色じかけかよ。

とは言え、ここで色じかけにはまったら、あとあと面倒だぞという警戒心は湧くには湧いたのだが、生来のスケベで女好きに加え、なんでも楽観的に考えてしまう私の悪癖が勝った。

それに私の立場は圧倒的に有利なので、まずい事態にはならないと思ったのだが、この過信と慢心が、あとでひどい目に遭わされる原因となる。

三十分後、マリアが浴室から出てきた。全裸の肢体にタオルをターバンのように巻いている。

ちょっと浅黒い肌がお湯で火照っていて、妙にエロい。

裸体を私に見せつけるように歩いて、マリアはベッドのはしに腰かけた。

まるい美乳で、腰はきれいにくびれている。

呆気《あっけ》にとられている私の表情を楽しみながら、さらに挑発して両脚をパカッとひろげた。

「あっ」

私の心臓が不整脈みたいに波打ち、一瞬、呼吸困難におちいった。

陰毛は細く短く、崩れたハート形に繁っている。

焦ってマリアにむしゃぶりつこうとすると、

「待って。男性も体を清潔にするのが、エチケットでしょ」

と制された。

それもそうだとあわてて浴室に行き、全身を流して股間だけ石鹸《せっけん》で洗った。

腰にタオルを巻いて戻ると、ベッドで待っていたマリアが私の腰のタオルをはずした。ビローンッと勢いよく現われた怒張に、マリアがびっくり。

「オウッ、ビッグね。ワンダフル」

わざとらしいお世辞だが、頭に血が逆流している私は気にしない。

マリアが私をベッドにあお向けに寝かせたので、騎乗位でヤルらしい。

天井を向いた勃起がビクンビクンと揺れる。

マリアがコンドームを取り出して、亀頭にかぶせた。

「うっ……」

いきなりだから、むずがゆくて下半身がビクッとした。そのまま両手でコンドームをスリスリと伸ばして、根元までしっかりとはめる。

マリアが私の腰にまたがり、勃起を握る。それからなにか迷っていたが、諦めたように亀頭を自分の膣にあてがった。膣と亀頭の位置合わせを確実にして、腰をゆっくりと下ろしてくる。

スニュッと膣奥まで侵入したが、ちょっと引っかかるような感じがした。

「アァッ」

マリアのとまどった感じの呻《うめ》き声は、愛液が出ていないので痛かったのだろう。

膣の中の勃起の先が感じるところにないのか、マリアが微妙に腰で調整する。

膣の中は期待したほど狭くなかったが、ほわっと温かかった。しかし、コンドーム装着だから、亀頭と膣とのナマの感触がなく、もの足りない。隔靴搔痒《かっかそうよう》だ。

マリアが両手を私の胸に置いて、腰をゆっくりと上下させはじめた。愛液が出はじめたのか、コンドームの潤滑剤のおかげか、出し入れがスムーズになってくる。

「奥まで当たってる。大きい。いいよ」

自分好みのスピードとリズムと深浅で、マリアが腰を上下させる。

私は騎乗位はそんなに好きではないが、騎乗位のよいところは垂れ下がった乳房が実物原寸より大きく見え、迫力があることだ。

両手を伸ばして小さな乳房を握り、揉《も》んでこすって乳首を爪先で引っかく。

「ウウッ、いいっ」

挿入中に乳房を揉まれるのが好きなのか、マリアの快感度合が急カーブで上昇した。

「来るよ、来た、来た……アッ」

アクメに達して動きが止まった。私の上にかぶさって、ゆっくりとした息をつづけている。ただし私の勃起は、接合軸のように膣に刺さったままである。なんとか射精して終わりたい。

マリアの快感が冷めて、私の横にゴロンと落ちたが、そのままなにもしないから、私も好き勝手にやることにした。

「オウ、ダメよ、待って」

マリアをM字開脚にして股間をさらすと、挿入されるとわかったらしく、
とわめいた。

待っていたらベッドから逃げられるから、いきなり膣を舐《な》めあげる。

「ヒィーッ」

彼女の腰がカタッと上がって、両手で私の後頭部をつかんだ。

「ウウウッ」

マリアのあえぎとともに愛液があふれ出てきて、私の口のまわりがビショビショになった。今度は愛液を唾がわりに、クリトリスを舐める。

「アウッ、アウッ」

マリアの上半身がもだえ狂い、腰も大きく上下しはじめた。

マリアの両脚をつかんで動けなくし、親の敵みたいに舐める。

クリトリスが充血して二倍ほどにふくらみ、舐めやすくなった。

「いい、来る、来るよ……アッ」

マリアのあごがピクンッと上がって、眼《め》を閉じてアクメに達した。全身がダランとなって、ベッドに崩れ落ちる。

よし、やってやるか……。

ひそかに左手だけでコンドームをはずすと、マリアをふたたびM字開脚にさせて、太ももを持って引きよせた。

「待って。今はダメよ」

我に返ったマリアがあわてたが、遠慮なくナマの怒張を突っこむ。

「オゥッ、ダメよ、待って、ダメよ」

両手を突っぱって私を押し返そうとするが、そんなのは無視。両手に体重を移して腰を軽くしてピストンをした。

コンドームのない摩擦はやっぱりいい。

「ウゥ」

コンドームなしに気がつかず、マリアの声が大きなあえぎに変わる。

急に射精感がせりあがってきた。よほど膣奥に射精してやろうかと思ったが、運の悪い妊娠もある。そうなったら、きっと責任を取らせるだろう。やはり面倒はないに限るから、外に出すことにした。

コンドームをはずしていたことがばれるとまずいから、両手で亀頭を包んで射精を受け止める。

私がシャワーを浴びて戻ると、入れちがいにマリアが全裸のまま、のそのそと浴室に消えた。私は洋服を着て、マリアが出てくるのを待った。

しばらくして、マリアは全裸のまま出てきた。私の顔を見つめたが、無言でのろのろと下着と洋服を身につけると、そのまま部屋を出ていった。

そのときふと、マリアが部屋を出る際に布バッグを折りたたんでいたのを思い出した。最初、マリアが部屋に来たとき、その布バッグになにか重量物を入れていたはずだ。つまりバッグをたたんだということは、その重量物がこの部屋にあるということである。

ここで私は、ある事件を思い出した。以前、会社の同僚が東南アジアのある国で売春婦を抱いた。その売春婦が帰ってから本物の警官が部屋に現われ「おまえが拳銃を所持している報告があった」として捜索。

果たしてベッドの下から拳銃が出てきて、逮捕されそうになった。

同僚は売春婦と警官がグルで、拳銃の不法所持をでっちあげられたことを理解したが、あとの祭り。

結局、警官の要求どおり、逮捕の代わりに大金をむしり取られた。

今の状況とそっくりである。私を浴室に追いやったときに拳銃を隠したと思った。

おそらく、あとでごっそり脅し取る気なのだろう。

必死に部屋中を探すと、クローゼットの私の旅行鞄《かばん》の中に変造拳銃があった。

その拳銃を浴室の硬い鉄器具にぶつけて壊し、ホテルの非常口の外階段から下の草むらに投げすてた。

それから一階のロビーに降り、本当に警官が来るか見張っていると、果たして本物の制服警官がひとりでやってきて、ホテルの支配人に話しかけた。

支配人が私を指さし、警官が近づいてきて拳銃所持の捜査を言いたてる。

私はとぼけて、支配人にも立ち会わさせて室内を捜査させた。とうぜん、なにも出てこないので警官は焦る。

「密告者は誰だ。そいつを日本大使館経由で名誉棄損で告訴する」

反対に私が脅すと、警官はあわてて逃げ去り、マリアもふたたび私の前に現れることはなかった。

海外では、くれぐれも悪女にご用心、ご用心。

泣く男

東京都・OL・四十一歳

私が二十九歳の夏、古川《ふるかわ》主任は関西から異動で、とつぜん浜松町《はままつちょう》へやってきた。

「ねえ、古川主任って独身で、大阪では人気だったんだって」

社内の情報通の真理子《まりこ》は私の同期だ。そして、私たちは親友でもある。

「明日、朝礼から出勤みたいだよ」

私たちの会社は通信教育に携わる企業で、時期を問わず異動がある。そのたびに朝礼での自己紹介が恒例行事になっていた。

噂《うわさ》がひろまっていたのか、翌朝、珍しく朝礼時の社員の顔つきが違っていた。いつもなら眠気と戦う女子社員たちが、ドアが開くのを今か今かと待っている。

そしてついに、主任が現れた。

「はじめまして、大阪駅前支店から異動になりました古川です。東京に早く慣れるようがんばりますのでよろしくお願いします」

確かに人気があったのはわかる気がした。とにかく第一印象がよい。

短髪をきっちりとセットし、薄いピンクのシャツ。少し浅黒く細身で長身だが、痩せすぎているわけではない。革靴は磨かれ、腕時計はごつめのシルバー。女性誌で特集されそうな、彼氏にしたいビジネスマンの容姿なのだ。

「いい感じだよね」

真理子が耳もとでつぶやいた。たった数分で女子社員の容赦ない判定が下る。男性社員にとっては迷惑な話だが、女子社員にとっては楽しみのひとつでもある。

朝礼が終わり、主任は私と同じフロアにやってきた。私の席から主任が見える。さわやかなイメージはそのままで、机の上に積まれた書類に目を通し、部下からの報告を受けたり、顧客対応も初日から積極的にこなしていた。

「中本《なかもと》、これはどうなってんの」

「それはですね……」

なにか質問があると、主任は私に確認をする。自分で調べたらいいのにと思えることも、主任の関西弁とタイミングは絶妙で、いやな気持ちになることはない。

「主任、つき合ってる人はいるんですか」

「いいひんで」

休憩時間にさっそく若い男性社員が主任に訊《き》いている。

「主任、休みはなにをしているんですか」

「そうやな、パチンコばっかりや」

「主任、モテますよね」

「人生でモテたことなんかないわ」

部下からの質問に笑いを交えて答える主任は、気さくで話しやすい。

そして一週間もすると、みんなから絶大な信頼をされる存在になっていた。

私もそのひとりである。仕事も早く、年がふたつ上だということで親近感も湧き、いろいろ頼まれてもまったく苦にならなかったのだ。

こうして主任と仕事をするようになり、あっという間に三カ月が過ぎた。

「ちょっと、奈緒子《なおこ》、噂になってるよ」

「私の噂なんてないって」

「違うって。主任がからんでるから大変だって」

「だから、どんな？」

「主任がさ、中本のキスが忘れられへんねんだって」

「えっ、うそでしょ」

耳を疑うとはこういうことだ。私と主任の接点は勤務時間のみ。そんな噂が出るほうがおかしい。

「主任も知ってんのかな」

「さあ、それとなくリサーチはしてみるけど」

真理子はさっそく動きはじめる。

「主任、今日ご飯でも行きませんか」

「ええけど、なんかあったんか」

「主任とのコミュニケーションですよ」

真理子が私に目配せをする。

「中本さんもどうですか」

「いいですよ」

こうして私たちは簡単に主任を誘い出した。

仕事を七時に切りあげ、真理子の行きつけの居酒屋に向かう。カウンター席で年配の男性がふたりで飲んでいて、陽気なマスターが盛りあげていた。

「よ、男の取り合いか」

「違うってば」

真理子が苦笑いしながら、奥のテーブル席へ進む。

「主任、ようこそ東京へ」

「乾杯」

私も真理子もお酒は強いほうだ。ところが主任もなかなかの飲みっぷりだった。お酒も話題もとぎれることなく、二時間ほど過ぎたころ、真理子が例の件を切り出した。

「あのぉ、主任、噂になってますよ」

「え、どんな噂や。部下をこき使ってるとかはいややな」

「違います。中本さんと関係があったかのような噂です」

「キスのやつか」

「そうですよ。知ってましたか」

「あ、それな、俺が言ったんや」

「え……？」

あっさりと犯人が自供した。

「夢でな、見てん」

とても大人三人がまじめに会話をしているとは思えないが、主任はその夢について語りはじめた。

ある日、私と主任が残業でふたりきりになり、どちらかともなく求め合った。そして、そのキスがふだんの私の仕事ぶりから想像できないような、甘えたものだったというのである。

主任の話術が冴《さ》えわたっていたのだと思う。お酒の席での他人の夢の話はあまりにも具体的で、私は本当に主任とキスをしたかのような錯覚さえ覚えていた。

しかも、それだけではない。もし主任とキスをしたら、私はそんな一面を本当に見せるのかもしれないという好奇心まで持ちはじめていたのだ。

「じゃあ、その夢のキスが忘れられなかったってことですね」

「そやそや、ちゃんと夢の話やて言ってたけどな」

「ほんと主任はなんていうか、楽しい方ですね」

真理子がそんな感じで場を締めたはずだ。誤解を生むような夢の話なのに、なぜか私は少しだけときめいていた。主任をもっと知りたいなと不覚にも思った瞬間だった。

翌日、私は完全に主任を意識していた。二日酔いのせいではない。勘の鋭い真理子は、私の変化に気づいてた。

「奈緒子って単純ね」

そう言って、私を笑っている。片思いを楽しむことのできない私は一週間が限界で、主任に告白することにした。

夢のとおり、残業中の主任にコーヒーを持ってゆく。

「ありがとう。ほんま中本は気が利くな」

「主任、あの……つき合いませんか」

「ほんまか」

主任はそう言ってうつむき、なにかをぐっとこらえているようだった。

「主任……」

鼻をすする音が聞こえる。主任が泣いている。告白したのは確かだが、なにひとつロマンチックではない。

「あの……」

半信半疑の私が主任に顔を近づけると、ぎゅっときつく抱きしめられた。お互いの顔は見えない。

「よろしくな」

「はい」

つき合う段階で泣かれたことはない。もちろん、私が涙を流したこともない。純粋な人なんだと思いながら、新しくはじまる関係に私は浮かれていた。

初デートは新宿《しんじゅく》駅で待ち合わせだった。約束は十三時。日曜日の新宿駅はごった返して、私は主任の姿を探すことに必死だった。

五分が過ぎた。今まで時間に遅れた元カレはいない。

電話をすると圏外だった。なにかあったのだろうか。昨日、駅で別れるときに時間も場所も確認したはずだ。

三十分が過ぎ、私はいらだちはじめた。

初デートなのに遅刻なんて、ありえない。いつまで待つべきなのか悩んでいると、主任が笑顔で近づいてきた。

「おう、待ったか」

「……遅刻ですよ」

「遅刻せんように早く出たら、早く着きすぎてな、そこのパチンコに行って暇つぶそうと思ったらかかってしもて。これ」

「え、なんですか？」

「プレゼント」

目の前に、赤の細長い箱を出される。景品のネックレスだ。

「さ、行こか」

あまりの調子のよい行動に、私は笑いはじめていた。さっきまでいらついていたのがうそのようにだ。

「悪かったな、待たせてしもて。そやけど会ったらうれしいやろ」

確かに間違いではない。遅刻以外は紳士で、本当に楽しいデートだ。映画館でも、喫茶店でも私を優先し、素敵な彼氏なのだ。

「ちょっと待ってて、電話してくるわ」

主任は電話をかけると言って、喫茶店の外に出た。気づけば十五分が過ぎていた。仕事での緊急事態なのかもしれない。そう言い聞かせても、外が気になってしかたがない。

「ごめん、ごめん」

主任が笑顔で戻ってきた。

「大丈夫ですか」

「妹が東京に来てるみたいで、今から会おうって」

「妹さんが？」

「行ってもいいやろか」

「……はい」

彼女より妹。初デートの途中で。私の思考回路はうまく機能していないようだった。

思わず立ちあがり、伝票を握りしめてレジへ向かう。

「いや、ちょっと待って」

主任が精算を済ますのを待たずに、私は外に出て、歩き出していた。

「中本、ちょっと待てや」

むっとした表情の私を、主任がのぞきこむ。

「顔、見せて」

そう言って、私を強く抱きしめ、唇を重ねた。

「主任……」

公共の場でのキス。主任はぽってりした唇をやさしく離した。恥ずかしさでとても顔を上げることができない。

「もう一回」

次は主任の舌が私の唇を割って、入ってきた。舌と舌がからみ合う。うまい。体温が一度上がった気がした。

「ごめんな」

「うん」

主任は手を振って、駅の雑踏に紛れて消えた。私は気持ちの整理がつかず、呆然《ぼうぜん》と立ちつくしていたが、隣のカップルの視線を感じ、そこから立ち去った。

家に帰り、シャワーを浴びる。主任のキスを思い出すと、下半身から熱い衝動を感じる。よくわからない一日だったのに、次のデートでは主任と結ばれたいと切望している自分に驚く。もらったネックレスをつけ、こんなプレゼントもありかもなと主任を想っていると電話が鳴った。

「今から行ってもいいか」

この人は私の感情をもてあそぶのが得意なのだと思った。

「すぐ近くやねん」

いったい、どうなっているのだろう。言葉が出ない私に、主任はまくしたてる。

「奈緒子に会いたいねん」

私はなにも言わずに主任を部屋に上げた。ただ抱かれれば、気持ちがすっきりするだろうと思っていた。

キスをして舌をからめ合う。主任のキスで窒息しそうに興奮している。やさしく髪を撫《な》でられながら、パジャマのボタンがはずされる。

「んんっ……」

首すじから鎖骨まで舌が這《は》い、ブラジャーをはぎ取られると、すでに乳首がツンととがっていた。

「ああ、気持ちいい……」

「いい匂いや」

石鹸《せっけん》の香りと牝《めす》の香りが混じり合う乳房を丁寧に揉《も》まれ、私は身体に力が入らない。

「……そんな胸ばっかり」

「これからや」

「いやっ、ああっ」

パンティーをずらし、主任の指が中心の粘り気を確認する。硬くなった蕾《つぼみ》を刺激された、私の喘《あえ》ぎ声が大きくなっていた。

「すごいやん。中がとろとろやん」

「主任、ああん……」

指だけで一度目のエクスタシーに達するかと思うほど、私は陶酔していた。

主任がコンドームを取り出し、装着する。

「いいか」

私の潤いをもう一度確認すると、主任が私の上に重なった。ぬるっと股間に挿しこまれた幸せの瞬間。

「あっ、あかん」

弱々しい声を出しながら主任が果てた。まだ半分も入っていないはずだ。

「ごめん……」

コンドームを処理している背中を見ていると、主任が主任でないようだ。ところが、その背中が前後に動いている。

また主任が泣いていた。

「奈緒子とセックスできたのに……興奮しすぎて」

「……………」

男の涙は繊細なのに、なぜか滑稽だ。私は気がついた。この男はモテるかもしれないが、そこからの関係は生まれない。ナルシストで、自分勝手。そこそこのルックスだから、女は露骨に無視はしない。そのうえ、仕事もできる。

セックスの相性がよかったら、私はこの先の時間を主任に捧げていただろう。

初デートをお試しデートだと言えばよかったと懺悔《ざんげ》したくなる。

「主任、大阪の彼女をどこで待たせてるんですか？」

「え。彼女なんておらへんやん」

「妹なんていないでしょ。泣いてもダメですよ」

泣きたいのは私のほうなのだ。自己嫌悪に陥る私を、真理子だけが笑い飛ばしてくれるに違いない。

秘密基地での思い出

神奈川県・会社員・五十七歳

今の子供たちと違って我々の世代は、遊ぶもの自体を自分たちで作り、楽しんでいましたよね。竹とんぼに缶馬。ゴム銃に凧《たこ》やプロペラ飛行機など、よく作っていたものです。

実家は広島の山間部にある小規模の町なのですが、友達数人が集まると、秘密基地もよく作っていました。

ただ竹を組んで、草や笹でまわりを囲っただけなのですが、その中で持ちよったお菓子を食べる時間が楽しく、懐かしい思い出として、今も心の中に残っています。

今からもう二十年ほど前のこと。お世話になった高校時代の恩師が亡くなり、そのお別れの会に出席するのをかねて、帰省したときのことです。

土日と有給で五日の休みが取れたので、夏休み中の小三の息子と妻の、親子三人での帰省でした。

釣りやカブト虫の採取、秘密基地作りなど、都会の生活しか知らない息子に、夏休みの思い出作りをさせてやろうといろいろ考えていたのですが、なんと初日の夜、息子に持病の喘息《ぜんそく》が出てしまったのです。

春先や初冬になるといつも咳《せき》が止まらなくなるのですが、こんな真夏に出ることなんてはじめてでした。たぶん環境の変化もあったのでしょう。

妻がどうしてもかかりつけの先生に診てもらいたいと言い出したので、しょうがなく次の日の早朝、ふたりを横浜《よこはま》の家に帰したのでした。

しかし、時間が空いてしまったのには閉口しました。用事が終わると、ほかになにもやることがないのです。幼なじみとは連絡もとっていませんしね。

休みを切りあげ、横浜に帰ってもいいのですが、ふだんなかなか帰省できないでいるし、高齢の両親のことを思うと、少しでもいっしょにいたかったのです。

そこで考えたのが、秘密基地を完成させることでした。きちんと作りあげた基地の写真を見せてやれば、息子も喜んでくれるだろうと思ったのです。

初日に息子と場所を選び、下草だけは刈っていたので、竹を切ってきて土台を組むところからはじめたのですが、やっているうちにだんだんと楽しくなってきて、いつの間にか子供時代に戻ったように、のめりこんでいたのです。

ところが、今度は夜の時間を持てあますのです。実家の夕食は早く、両親ともに八時すぎには寝てしまうので、都会に住む私はとても眠れません。しかたなく散歩に出かけたのですが、中学校の裏手に小さなスナックを発見しました。

以前はこのあたりにも居酒屋やスナックが数軒はあったのですが、今はすべて廃業していたので、ふらりと入ってみたのでした。

「あら、いらっしゃいませ。こんばんは」

客のいない店内でボケッとテレビの画面を見つめていた中年の女性が振り向き、作り笑いで声をかけてきました。

「お客さん、どこの人……このへんじゃ見かけんけど」

「地元、地元。里帰りしてきたんよ」

私が地元の××出身だと言うと、驚いたような顔をしたのです。

「××……ウチも××やけど。えっ、名前は？」

「えっ、うそだろ。もしかして、アッコたん？」

なんと子供のころよく遊んでいた、近所に住むアッコたんだったのです。

私よりふたつ年上の秋子《あきこ》さん。舌ったらずの私はいつも秋子ちゃんを、アッコたんと呼んでいました。

彼女が中学に上がるころからはもう会うこともなくなり、それ以来の再会です。

彼女は結婚、離婚を経験しながらひとり娘を育てあげ、その娘さんが独立したので実家に戻ってきて、現在はお母さんとふたりで暮らしているそうです。

「知り合いがね、この店閉めるって言うんよ。ウチ、これまで水商売なんてやったことなかったんやけど、こっちだとロクな仕事もないし、とりあえず引き継いだの」

数十年ぶりに会ったはずなのに、ふたりともすぐに過去へとタイムスリップして、懐かしい昔話を楽しんだのでした。

「ところでさ、アンタは今、なにやってんの？」

「建築関係。基地を作ってんだ」

「基地……すごいじゃない。自衛隊かなんかの？」

本当は食品関係の社員なのですが、ネタをバラすと大笑いしていました。

「おもしろそう。ねぇ、明日ウチも行ってもいい？」

田舎特有のムッとくるような暑さのなか、朝から山に入り、作業に精を出していると、昼ごろ、弁当をこさえて彼女がやってきました。

「けっこう本格的なんやね。もっとショボいのかと思ってた。なにかあったらここに住めそうじゃない」

「そうだろ」

実は私はかなりの凝り症なので、やっているうちにだんだんと細かな部分まで手を加えていたのです。

「ベッドやトイレまであるんだぜ」

竹で組んだ枠の中に枯れた笹の葉を敷きつめ、上に古い毛布をかけた自慢のフカフカのベッドに並んで座り、おにぎりや煮物を食べていると、のんびりとした気分に浸されてきます。

そのうちにお腹《なか》がふくれてきたので、私はそのままベッドに横になりました。

外は灼熱《しゃくねつ》の太陽が照りつけているのですが、林の中ですし、笹で覆った基地の中は薄暗く、壁の隙間から涼やかな風が吹きこんできます。蚊取線香の効果で虫に悩まされることもなく、快適な空間になっていました。

ぼんやりとした目でアッコたんの横顔を見つめていると、だんだんと昔の思い出が蘇《よみがえ》ってきます。

まるくてクリッとしたかわいい目。濃い眉毛。そして、あごにあるホクロ……。

中年女性特有のふっくらとした体つきになってはいるものの、やはり変わらない、アッコたんでした。

「やあねぇ、なに、ニヤニヤ笑ってんのよ?」

ふと、あのことを思い出してしまったのです。

「いや、あれ、覚えてるかなぁって」

「あれ……ああ、あれね。うふふっ、スケベ」

記憶が簡単につながったのには少々驚きました。

私は男ばかりの三人兄弟で育ったので、どうしても女の子に興味があって、それでいつもアッコたんの家に遊びに行っていたのです。彼女もひとりっ子なので弟が欲しかったらしく、私をかわいがってくれていました。

「学校から帰ると屋根裏部屋に行ってたんだよね」

彼女の家の裏には農機具を収納している納屋があり、梯子《はしご》を架けて二階に上がります。屋根裏部屋には、家畜に与えたり、畑に敷いたりするための藁《わら》が大量に保管されていました。香りもいいし、やわらかく、その上に乗って飛んだり跳ねたりするのが楽しくて、よくふたりで遊んでいたのです。

ところがいつのころからか、なんのキッカケだったのかは忘れたのですが、なぜかふたりとも素っ裸でころがるようになったのでした。

「あれって、なんで裸になったんだっけ？」

「あれねぇ、うふふっ。藁の上にまたがったり、飛んだり跳ねたりしているとさ、あそこが擦《こす》れてなんか気持ちがよくなってきちゃったのよ。なにかむずがゆいような、オシッコが漏れるようなさ。それでアンタに訊《き》くと、ボクも気持ちいいって言いながら、おチ×チンを触ってるじゃない。だから、見せてよ、って」

「もしかして勃《た》ってた？」

「勃ってたわよぉ、ちっこいのがちゃんと。ウチ、お父さんのしか見たことなかったし、なんか形も違うし、変な感じだった」

「そうか。じゃ、アッコたんのも見せてよって言ったのかな」

「そうそう、それでお決まりの、お医者さんゴッコをするようになったのよ」

「お医者さんゴッコかぁ、懐かしいなぁ」

なぜかふたりの会話がそこでとぎれてしまいました。なにか気まずいような雰囲気になってしまったのです。

私は十九歳のとき、アパートに遊びに来たそのころの彼女と初体験をしたのですが、あの日もふたりとも急に押しだまり、どちらかが声を発するのを待っていました。

今の私も、そのときと同じように心臓がドキドキしてしまって、黙ったまましばらくの間、サワサワと鳴る木々の演奏を聴いていました。

「ねぇ……しようか……」

沈黙を破るように、彼女がつぶやきました。やはり、私と同じことを考えていたのです。

「うん、しようか。久しぶりのお医者さんゴッコ」

横になった私の上に彼女が覆いかぶさり、唇を重ねてきました。

ねっとりとからみついてくる舌。私もそのぽってりとした唇を舐《な》め、舌をすりま す。ずいぶんと長い時間、キスの味に酔いしれました。

しばらくすると私の下半身に彼女の右手が伸びてきて、激しくまさぐってきました。もうすでに私のモノは硬くなっていて、先のほうからヌルリとしたものがあふれてきているのを感じています。

「どうしたんですか、こんなに腫らしちゃって。ちょっと先生に見せてください」

アッコたんは笑いながら起きあがり、私のジーパンとトランクスをはぎ取りました。私も自分で服を脱ぎ、全裸になります。

「先生が治療してあげますからねぇ」

そして、パクッと私のモノを咥《くわ》えたのです。

ゆっくりゆっくりと上下するアッコたんの顔。色白の頬がピンクに染まり、息もだんだんと荒くなってきているようです。

ときどき口を放し、手でしごいたり、あるいは陰嚢《いんのう》のほうへ舌を這《は》わしたり、そして亀頭部分をねっとりと舐めまわしたり、音をたてながら激しく口を上下させたり。

しばらくすると、今度は私が先生役に代わります。

「じゃあ、今日は胸の検査をするから、服とブラジャーを取ってください」

薄い長袖のブラウスを脱ぎ、白いブラジャーのホックをはずすと、かなりのボリュームのあるオッパイがぶるんぶるんと揺れて飛び出してきました。

私はもうたまらなくなってしまい、アッコたんに飛びかかりました。そして、その白い乳房にむしゃぶりつき、強く揉《も》みしだきながらベロベロと舐めまわしたのです。

「ああん、診察はどうしたのよぉ、このスケベ医者」

子供のころ、ペッタンコだった胸がこんなに大きく育っていたとは……。

感激しながら、すでに硬くとがっている乳首を甘噛《あまが》みすると、ひいっ、と叫び声をあげながら仰《の》け反りました。

パンツを脱がすと、薄紫色のパンティーからムンッと牝《めす》の匂いが漂ってきます。縦に入ったシワの一部分が濡れて、色が変わっているのがとても卑猥《ひわい》です。

執拗《しつよう》に乳首を舐めながらパンティーの中に手を挿しこむと、ジャリジャリとした陰毛の感覚があり、陰裂にたどりついた指先にヌルヌルと愛液がからまってきました。

「今度はこっちのほうを触診させてもらいますよ」

パンティーをはぎ取ると、黒い陰毛がきちんと手入れされて生えています。剃《そ》りあとが少し青いのは、処理したばかりだからなのでしょうか。

大きく開かせた股の間に顔を埋《うず》め、アッコたんの陰部を舌で触診していきます。

左右で大きさの違うぶよぶよとした肉片が二枚合わさっていて、下のほうに白くトロリとした液体がたまっているのが見えます。そこをそっと指で開くと、歳《とし》のわりに意外なほど、きれいなピンク色をしているのです。

「ああっ、そこ、いいっ」

包まれていた皮から頭を出している赤い肉芽を舌先でくすぐってあげると、頭を振りながらせつなそうに悶《もだ》えています。

もう、がまんの限界でした。

「ああっ、もうダメだ。そろそろ入れるよ」

「来てぇ。早く入れてぇ」

アッコたんはバックが好きなのか、四つん這いになると、大きなお尻をこちらに向けました。

「おおっ、おおおっ」

白い尻肉をつかみ、ギンギンに硬くなっている私のモノをグンッと赤い陰裂にブチこんだとき、大きく口を開け、まるで獣のような雄たけびをあげました。

膣の中の温度はかなり高く、腰を動かすたびにからみついてくる壁面の感触……。

「ああっ、すごい、すごいよぉ、アッコたん」

自然の中での行為に、私はいつもよりも興奮してしまい、狂ったように腰をぶつけていったのでした。

そして田舎にいる間中、私たちはこの秘密基地で会い、体を重ね合いました。

一年後、お母さんが亡くなったとかで、娘さんと暮らすためにアッコたんはこの町を出ていってしまったと風の噂《うわさ》で耳にしました。でも、あの秘密基地でのアッコたんとの行為は、今でも私の中の楽しい記憶として輝きつづけているのです。

人妻と淫蕩遊戯

京都府・会社役員・六十六歳

はるか昔。大学四年生のころは、いつもバカばっかりやっていた。

実家から牛肉が届いたので、悪友たちの学生アパートに持ちこんだが、鉄板がない。そこで、誰のアイディアだったか、マンホールのふたをはがしてきて、洗剤できれいに洗い、ゴミを集めて火を点《つ》けたら、猛烈な煙がアパート中に充満。パニックとなり、急いで火を消した。

しばらくすると消防車が急行してきて隊員が飛び降り、大口径のホースをこちらに向けた。

私があわてて事情を説明したら、こいつバカかという目で軽蔑された。それだけでなく、水道局からのお説教は激烈だったし、警察にも「悪質、送検もありうる」と脅さらに消防署でも、防火指導係の綾子《あやこ》さんからさんざんしぼられたが、最後は「まさか、マンホールのふたで焼肉とは」と署内で大笑いされた。

もちろん大学内でも、アホ大賞、バカ横綱に認定されたのは言うまでもない。

しばらくして、学生アパートの近くで巡回中の綾子さんと出会った。

私が黙礼だけして走って逃げると、綾子さんは笑いをこらえていた。

当時、綾子さんは三十二歳。細身の体型、セミロングヘアをうしろでくくり、知的でやさしそうな顔だちをしていた。

ちょうど日活ロマンポルノが流行《はや》っていたころで、土曜日はオールナイト上映もしていた。ある日、そんなロマンポルノを映画館で観《み》ていたら、誰かが隣の席に座った。

「ポルノって、すごいわね。興奮しちゃうわ」

話しかけられたので横を見ると、なんと綾子さんだったからビックリ。

「どうして、ここに?」

「映画館は、重点的に巡回してるのよ」

「はあ……」

「それにしても、若い男性が多いわね」

言いながら館内を見まわしていた彼女が急に固まった。離れた暗い席で、若い男がズボンの中でシコシコしていたからである。

「あ……」

綾子さんは慌てて視線をそらすと、

「……えぇっと、本日の巡回は終了です」

急いで出ていった。


後日、実家からふたたび肉が届いたので、野菜を買いにスーパーに行くと、よほど縁があるのか、そこでも綾子さんとバッタリ。

「勤務明けでグッタリ。これから家でお料理すると思うと大変よ」

そう言う綾子さんに、

「だったら、すき焼きにしませんか。また実家から肉を送ってきたんです」

だめよ、を予想して誘ってみたら「いいわね、すき焼大好きなの」と返ってきた。

綾子さんの自宅は歩いて十分。よくある普通の二階建てだった。

入ると、室内はきれいに整頓されていたが、家族の存在感が希薄である。

「子供はいないの。主人は遠くの消防署の次長で、単身赴任中よ」

「なるほど……」

ふたりですき焼を食べて、お返しのカレーをタッパーに入れて持ち帰った。

翌月、綾子さんが私のマンションに来て「ニセ消火器売りに注意」のビラを配ったあと、最後に私の部屋に寄った。

「へえ、学生のくせに、すごくいい部屋だね」

広さと家具の充実さに驚いている。

「実家のおかげです」

そのままお茶になったが、話が弾まない。

「よし、このあいだのすき焼きのお礼に、私、お風呂掃除してあげる」

浴室に入ると、綾子さんは制服のスカートの裾を全部ショーツに巻きこんだ。その様子がブルマーを穿《は》いているみたいで、白く健康な両脚がエロチックで興奮した。

しばらくして浴室に行くと、すでに掃除は終わっていて、綾子さんはボンヤリと窓の外を見つめていた。

「なんか、深刻そうですね」

「そうね……深刻な事態だわ……ほら、前に、亭主が単身赴任って言ったでしょ」

「はい」

「あれ、ウソ。今、女のところにいるの。妾《めかけ》か愛人かしらないけど、同棲《どうせい》中よ」

「それは……」

「ただね、相手の女が流産したらしいの」

「流産ですか」

「いやな女でも流産したら、ちょっとだけ同情しちゃうのよ」

「複雑ですね」

「ごめんなさい。グチっちゃったね。はい、お掃除おしまい」

そこで改めてブルマー姿に気がついた。

「変よね、この格好。でも子供のころは、いつもこんな格好で縄跳びしていたのよ」

私は思わず真っ白な太ももを見つめた。

「な、なんなの、そのいやらしい目つきは」

「すみません。セクシーだったから」

「バカ、なに考えてんの」

夕食の焼肉に綾子さんはご満悦だった。

「また来ていいかな。お部屋もお風呂も豪華だし、気に入っちゃった」

「いつでも大歓迎です」

「その代わり、ガスレンジと消火器の点検はしてあげるから」

それからしばらくたった、ある夜、帰宅すると、部屋の玄関の前に綾子さんがポツンと立っていた。

「ごめん、いきなりでごめんなさい」

「どうしたんですか」

急いで部屋に通した。

「亭主が家に帰ってきたの」

「ご主人が？」

「女と別れたらしいの。というより、捨てられたのよ」

「なんと言うか……」

「でね、ぬけぬけと、またいっしょに暮らそう、って言うのよ。はい、そうですか、なんて、言うわけないよね」

「当然です」

「それで飛び出してきたけど、行く当てがないの」

頼りの友人は留守で、署員官舎は恥になるからだめ。それでしかたなく、私のところに来たらしい。

「今日だけ泊めてよ、迷惑はかけないから」

「どうぞ、お好きなだけいてください」

私の言葉に綾子さんは恐縮しながら客室で眠った。

だが、同居はあっけなく終った。夫の愛人が、夫婦の自宅から現金と綾子さんの貴金属を盗んで逃げたのである。異常事態に、さすがの綾子さんも複雑な心境のまま夫のもとに戻った。

私としては、これで綾子さんとの関係は自然消滅だと思ったのだが、三カ月後、綾子さんが私の部屋にやってきて号泣した。

なんと、夫と愛人は切れていないうえに妊娠までしたというから衝撃である。

「もっと早く、離婚すべきだったのよ」

綾子さんはわめいた。

持てあましてベッドに運ぶと、着衣のまま眠ってしまった。

深夜、もの音で目覚めると、綾子さんは例のブルマー姿で浴室の掃除中だった。

「あらっ、ごめん。起こしちゃったわね」

「こんな真夜中に、なんですか」

「気晴らしのお掃除。これですっきりした。ついでにはっきりと離婚する」

「本当に、離婚ですか」

「ええ、絶対に離婚する」

「そうですか、それなら」

自分でもびっくりだったが、綾子さんをそっと抱きよせた。

「えっ、なに……？」

左手で綾子さんの腰を支え、右手でブルマーの太ももをいやらしく撫《な》でまわす。ツルツルで張りのある肌触りで、すぐに勃起した。

「こらっ、変態、変な触りかたしないで」

「すみません。このブルマーが好きです」

「もう、ポルノ映画みたいなことは、やめて」

ここで私のがまんが切れて、強引に唇を重ねた。

「んぐぅ」

綾子さんがびっくりして体を離した。

「ちょっと待ってよ」

「離婚なら、僕は綾子さんが欲しいです」

ブラウスの上から乳房に触ると、綾子さんは体をひねり、私を見つめた。

「あのね、あまりに急すぎるでしょ。離婚はするけど、それとこれとは別よ……」

「ずっと前から、真剣に好きだったんです」

「……私は年上のおばさんだよ。美人でもないし、不格好だし……おばさんだよ……でも、真剣なの？」

「はいっ、僕の人生をかけて」

自分でもびっくりするほど、格好いいセリフが出た。

「若いひとはバカだね……私もバカだけど……でも、ここではいや」

「も、もちろんです」

綾子さんを抱いてベッドに運び、やさしく横たえる。

焦ってブラウスとスカート、キャミソールを脱がした。現れたブラジャーとショーツは、日常用のシンプルな白だ。

ブラジャーをはずすと、まるく大きな、お正月の鏡餅みたいなふくらみが出てきた。

乳首はピンッととがり、淡いぶどう色。私を挑発しているようだ。

「きれいな肌ですね」

「おばさんだけど、本当にきれい？」

「ええ、もう最高です」

綾子さんは年下の男の賞賛に安心し、目を閉じた。

「う、うぅ」

憧れの乳首にそっとかぶりつくと、胸とあごを上げて悶《もだ》える。

ショーツの裾を持ってそっと脱がした。

「いやっ、いやっ、だめ、恥かしい」

両手で顔を隠して身悶えた。

恥丘はボテッと盛りあがり、性毛は大きな逆三角形。毛足がちょっと長く、短いムダ毛が肛門付近まで、びっしりとはびこっている。

アワビのような形と色の小陰唇を両手で左右に開くと、膣前庭はサーモンピンクで水分が多く、艶々していた。

がまんできずに、ベロッと舐《な》めあげる。

「い、いいっ」

短いあえぎ声で、上体が揺れた。

クリトリスを探すと、ポチッと小さくて包皮をかぶっていた。

唾を垂らして舐めあげると、腰が跳ね、両脚がピンッと伸びた。

「ひいっ」

私は夫に浮気された綾子さんを悦《よろこ》ばせたくて、クリトリスをしつこく舐めた。

「ううっ」

喘《あえ》ぎ声が低く獣じみてきて、クリトリスが充血してふくらみを増す。

快感が急上昇したのか、綾子さんの腰がピクッピクッと跳ねて両膝も上下した。

「はっ、はっ、はっ」

息が速くなり、下半身が小刻みに震える。

ついに綾子さんの快感が爆発した。

「ん、あっ、イクッ、イクッ、イィーッ」

目を閉じてあごを上げ、息を小さく吸って昇天。全身がゆるんで、ベッドに落ちた。

私は逆三角形の性毛を見つめながら、人妻を満足させたのがうれしかった。ただ股間がはちきれそうで、早く挿入したい。

綾子さんをM字開脚させて挿入態勢をとり、腰をグッと突き出すと、根元まで入った。膣の中の締めつけはきつく、肉ヒダの温かい感触が男根にまつわりついてきた。

「うっ、うっ、うっ」

抜き挿しのリズムに合わせるように、綾子さんが喘ぎ声をあげる。

「アッ、やだぁ、もうイキそう、こんなのはじめて、いっしょに、いっしょにぃ」

綾子さんの体が一瞬固まった。私もいっしょに射精するため、がまんで締めていた肛門をゆるめる。

とたんに射精感がせりあがってきて、ありったけの精液をクッ、クッ、クッと三度で吐き出した。

綾子さんのわきにゴロンと落ちた。そのとき、コンドームを忘れていたことに気がついたが、今さら遅い。

翌日から綾子さんは、快活でやさしい女性に戻った。

私との年齢差も気にせず、ごろにゃんっと子猫みたいに甘えてくる。

また私の性欲をかきたてる、例のスカートの裾をショーツに入れてのブルマー姿をリクエストした。

「バカ、変態、スケベ、だめっ」

と拒否されたが、それでもお願いをつづけ、なんとかお許しを得た。

うしろ向きでスカートをショーツにくりこんで、恥ずかしそうにこっちを向く。

左手で綾子さんの腰を支えて、右手で太ももを撫でた。

つるつる、スベスベで、むっちりの肌触りに、私の体中の血液が股間に集まった。

スカートをはぎ取ると、ショーツのオソソのあたりがビショビショだ。

「こんなに濡らして。綾子さんも意外と変態なんだな」

「バカッ、恥かしいことを言わないで」

こんな淫蕩《いんとう》遊戯が毎日つづいた。そのため、私も綾子さんも周囲が見えなくなっていた。

まもなく夫にばれて「学生のガキと、浮気していたのか」と大喧嘩《おおげんか》。

結局、夫の浮気と本人の浮気とが相殺され、常識的な財産分与だけで離婚となった。

そのうえ綾子さんは、私との不倫を両親と友人に非難され、私たちの関係も終了した。

おひとりさまの疼き

大阪府・ＯＬ・四十五歳

今年も関西は猛暑日がつづきそうだ。暑さを避けるため夕方から買いものに出かけたのに、少し歩いただけで汗が噴き出し、髪がうなじにまつわりつく。

赤信号で止まり、ハンカチで額から首すじの汗を拭う。ふうっと息を吐きながら、この信号待ちの一分ほどの間に、私はどうしようもなく疼《うず》いていた。

首すじに舌を這《は》わせ、髪をかきあげながらいやらしく私を責める彼の息遣いが蘇《よみがえ》る。足の先から頭の先まで彼のいたずらが容赦なく浴びせられ、同じように汗を光らせていた先週の午後。

「また、いつでも連絡して」

その日が初対面だった年下男子は、そう言ってさわやかに帰っていったが、余韻から抜けられなかった私は、彼が与えてくれた感覚の再現をしながら、その夜ひとりで簡単に絶頂に達していた。

たった一週間では、彼が私の中から消えることはなく、常に熟れた身体で次を待ちわびているのだ。


私は四十五歳、独身。リサイクルショップを運営する会社で、社員研修などを担当している。

中肉中背、髪はセミロング。丸顔で明るいタイプのせいか、お局の中ではいちばん話しやすいらしい。

会社には若い社員もいるけれど、いろいろとハラスメントがうるさい時代に仕事以外で問題を起こしたくないこともあり、数年前から「おひとりさま」を楽しむようになっていた。

ラーメン屋も焼肉屋も、カラオケもひとりで行くのだが、大好きなボーリングだけは勇気が出ない。

「誰か私とボーリングに行ってくれへんやろか」

「知らん女と、なんでボーリングせなあかんの」

「そんな貴重な男の子がいたら絶対に言ってや」

「いるわけないやろ」

そんな冗談半分なことを私は常日ごろ、知り合いに言いまくっていたらしい。

ある日、友人の久美子《くみこ》から連絡が入った。

「あんたと遊んでくれる年下男子発見！」

「え、うそやろ」

話を聞けば、久美子の人材派遣会社で営業担当の三十歳、独身、佐々木《ささき》君。イケメンで、仕事もできて女子社員の人気は高いらしいが、プライベートが謎すぎて近寄りがたいオーラを放っているらしい。

「たまたまあんたの話をしてたら、聞いてたみたいでさ、俺、行きますよって言うねん。めっちゃびっくりしたわ」

「三人で行くと思ってるんちゃう」

「ちゃんと言ったで、中年女性とふたりきりやって。私は信用もしてるし、好きやけど、ちょっと変わった感じの子やねん。だいたいこんな話にノッてくるんやで」

「確かに。私はうれしいけど、なんか申し訳なさも出てきたわ」

「そやけど、絶対に変な気を起こさんといてや。佐々木君は、いちおう私の部下やしな」

「あるわけないやん」

私の軽い願望が、とつぜん「知らない男の子と出かける計画」に変わった。冗談半分で口にしていたとはいえ、言い出した私に責任がある。

さっそく久美子から連絡先を聞き、佐々木君にメッセージを送った。

――はじめまして。谷口《たにぐち》主任の友人の山崎《やまざき》です。ボーリングにつき合ってくれるということですが、月末の土曜はいかがですか。

彼が後悔しているかもしれないので、私は断るチャンスをあげたつもりだったが、彼はあっさり、

――オーケーです。

と、返信を送ってきた。

それから数回、彼の文章力に知的センスも覚え、好印象のまま当日を迎えた。

「こんにちは」

黒のキャップをかぶり、白のズボン、水色のアウターに黒のインナーを着た男性が声をかけてきた。

背は高く、ほどよい筋肉質。切れ長の目が印象的な清潔感あふれる男の子が、佐々木君だった。

「今日は暑いのに、ほんまにありがとう」

事前のメッセージのやりとりのせいか、初対面といっても思ったほど堅苦しくはない。

「じゃあ、行こか」

私たちは目的のボーリング場まで歩き出す。

土曜日の午後四時でもミナミは混んでいる。ただでさえ暑いのに、夕方の陽射《ひざ》しと人の熱気で蒸し返していた。

十分ほど歩き、到着すると、電光掲示板には一四〇分待ちの表示だ。

「ごめん、予約しとくべきやった」

「俺もそこまで考えてなかったわ」

「とりあえず暑いし、カラオケで涼まへん」

「うん、そうしよう」

佐々木君の話しかたはおっとりしていて、繁華街の喧噪《けんそう》でかき消されそうだが、会社での久美子の仕事ぶりなどを話す姿はなんだか楽しくて、私も自然と笑顔になっていた。

カラオケはさらに混んでいて、二〇〇分待ちだった。

「うそやろ」

「みんな、行くとこないんやろか」

「暑すぎるし、みんな涼しいとこに逃げるんちゃう」

「どこもかしこも二時間待ちとかさ、カップルはラブホで過ごしたらいいのにな。混んでないし、カラオケもできるのに」

私には深い意味はなかったのだが、

「行く？」

佐々木君が冗談で返してきた。

「行こか」

私は笑って返事をしたが、佐々木君は本当に進行方向を変え、にっこり笑ってうしろにいる私に手招きをしている。

「まじで行くの」

「うん、行こう」

この予想外の展開には少し笑ってしまうが、ラブホテルに行ってセックスをしなくても、お金の無駄だとは思わない。これが「おひとりさま」を楽しめる大人の余裕かもしれないと、そのときは思っていた。

近くにあったラブホに入った。あとふた部屋しか空いていないなんて、みんなお盛んなものだ。

こぢんまりとした部屋はアイボリーが基調で、ほどよい清潔感がある。私たちは特に意識せず、ソファに隣どうしで座った。

涼しい室内は快適だ。ふたりだけの空間は、まるで前から知り合いだったかのような気にもさせる。

「コーヒーでも飲む？」

「ありがとう」

佐々木君はさらっと気を配るのが上手だ。

神秘的な男の子だ。私は丁寧で静かな人を信頼する癖がある。佐々木君のドライなようで、人間味があふれる感じはとても好きだ。

そんなひいき目で見ていると、Tシャツの上からでもわかる筋肉質な肉体も、大きな手ときれいな長い指も、三十代のいい男を醸し出しているなと思った。

そのとき、佐々木君が私を引きよせた。その表情は凛々《りり》しく美しいけれど、なにを考えているのだろう。

「まさか私とどうにかなろうと思ってへんやんな」

「どっちでもいい。楓《かえで》さんに任せる」

最高の提案だが、相手が私で佐々木君の股間は反応するのだろうか。

しばらく自分以外に触れられていない私の身体が、火照りはじめていた。頬が紅潮しているのがわかる。

そんな私の微妙な変化を佐々木君は見逃さなかった。私の唇に、佐々木君の唇が重なった。

やわらかくもちもちした唇は、温かくて心地よさを倍増させる。なにより佐々木君の余裕が私を包む。

「どう」

「どうって、おいしいわ」

「そうなんや」

佐々木君は焦らすのがうまい。今度は舌をからめた長いキスで私を陶酔させる。

こんなにも舌の温度を感じるキスは経験がない。唇と同じような温かさが、私の身体を溶かしはじめる。

「シャワー浴びてもいい」

「うん、俺が洗おうか」

「大丈夫」

逃げるように浴室に向かい、シャワーを浴びながら冷静さを取り戻そうとしたが、まったくダメだった。

バスタオルを身体にまとい、部屋に戻る。佐々木君と目を合わすこともできない。入れかわりに、佐々木君がシャワーを浴びている間、私はただ天井を見つめていた。

佐々木君がボクサーパンツ姿で戻ってきた。

「お待たせ。さっきのつづきしよか」

まるでテレビゲームでもするかのような軽い台詞《せりふ》が、よけいにいやらしさをきわだたせる。

ベッドに横になると、佐々木君は私の秘部に顔を埋《うず》め、舌でゆっくりと敏感な部分をなぞりはじめた。

「ううっ、あぁん」

私の身体が激しく昂《たかぶ》り、じんじんと熱くなる。

絶妙な温度で動く舌が秘部をとろとろに変え、湧き出る愛液がお尻まで伝っていた。

「ああ、ダメ……すごい」

悦《よろこ》びを与えつづけられた身体に、異変が起きはじめた。

「佐々木君、なんか出そう。なんか……ああ、どうしよう、ああっ、出そう」

尿意を覚えているような、潮を噴く前兆のようなのか、味わったことのない絶頂感が押しよせていた。本当に漏らしたらどうするのだろう。そんな羞恥心からか、やるせない喘《あえ》ぎ声に変わる。

「ああっ、ダメ、出る」

「楓さん、待って」

「すごい、もう、ああ」

乱れた呼吸で訴える私に佐々木君の硬いペニスがぬるっと滑りこんできた。

正直、このあとのことはよく憶えていない。

「楓さん、大丈夫？」

佐々木君の声で、私は自分を取り戻した。

「なんとか……」

佐々木君の笑顔は数時間前の笑顔と変わらない。シーツにできたいやらしいシミは、間違いなく彼がもたらしたものなのに……。

「ボーリング、次は予約してから誘ってや」

彼が次の期待を持たせてくれた。私の日常が変わるような気がした。

東南アジアは後背位で――兵庫県・法律事務所勤務・七十歳

悩みの法律事案が解決したので、気分転換にスキューバダイビングに出た。フィリピンにある、スペイン語で「海燕の巣《うみつばめ》」を意味する絶景の島だ。

当時の私は三十五歳で独身。法曹界に籍は置いてあるものの、スケベで女好きの気楽な立場だった。

そんなある日、ホテルの私の部屋に、レストランのウエートレスのスーがいきなりやってきた。

「私を買ってください。私は処女です」

あまりにも唐突で簡潔なお誘いにびっくりした。

スーは小柄で細身、脂肪のつきかたから見て十五歳以下なのは間違いない。

処女は本当だろうが、もし未成年を買ってあとでばれたら地獄だ。世界中どこでも、売防法ではお説教で済むが、児童福祉法なら身の破滅だ。とにかくかかわるのがいやで、カネを与えて追い返したが、これがまずかった。すぐスーの母親のリアンがやってきた。

「娘がお世話になり、ありがとうございます」

リアンは三十代半ばくらい、中肉中背より少しふっくらとして顔は十人なみ。ただ南国の風俗女性特有の、変にエロい雰囲気が漂っていた。

ただ、なぜリアンが来たのかがわからない。

「その前に失礼して、シャワーを」

つまり娼婦《しょうふ》が、事前にシャワーを浴びるお決まりのパターンだ。

「ちょ、ちょっと待って」

勝手に売春を決めた行動に呆《あき》れて、リアンを追い出そうとした。

しかし「私はいい体よ、サービスします」とか言って動こうとしない。

しかたなくカネを与えて追い出した。そして、これもまずかった。

翌日、私が海から帰ると、部屋にリアンとスーのほかに四人の男女がいた。部屋の冷蔵庫から勝手に持ち出して、飲み食いしている。

部屋の鍵は、ホテルのボーイが開けたに決まっている。

「ハーイ、お招きありがとう」

「私たち、お友達よ。お招きありがとう」

「お元気ですか。お招きありがとう」

「お招き」を事実にしたてあげて、陽気に騒いでいた。

日本人にはとうてい理解できない、厚かましくて無遠慮だ。

翌日も同じで、冷蔵庫に補充されていた中身が全部なくなった。

いつも「私たち、お友達ね」と「お招きありがとう」を強調していた。

私は激怒して、このあとのために対抗策をとった。

旅行にはいつもビデオを携帯していたが、島のショップでビデオをさらに一台購入した。その二台を、表のドアと冷蔵庫が見える位置にひそかに設置した。

さらに浴室の大きなタオルを、ビデオに映る場所にさりげなく置いた。

タオルには盗難防止のホテル名が、大きく染められていた。

その翌日も同じで、リアンたちがあっけらかんと飲み食いしていた。

ホテル側も共犯で、冷蔵庫に高価なものだけを大量に補充していた。

ここで私の怒りが沸騰した。

リアンがトイレ兼浴室に行き、ドアを閉めた。

私はすぐにトイレのドアを開けた。

鍵はかかっていなくて、リアンは西洋便器で小便をしていた。

「えっ、アァッ、なんですか」

びっくり仰天で固まった。

ショーツを上げようとしたが、小便は止まらずにチロチロと流れた。

「やめて、見ないで、ダメ、見ないで」

彼女の哀願を無視し、腰を落として正面からしっかりと見た。

私にスカトロの趣味はないが、南国女性の困惑姿も悪くなかった。

小便が尽きると、リアンはペーパーをごそっと取って股間を拭いた。

焦ってショーツとスカートを着け、怒って出ていこうとした。

私はドアの鍵をかけて止めた。

「えっ、なにするの?」

「あなたは私に肉体を売りたいのでしょう」

「えっ……」

とまどっているリアンをガシッと抱いた。

「あっ」

ちょっとじたばたしたが、無視して唇にキスをした。

南国女性の唇はスラッと薄くて頼りない。

ブラウスの上から強く乳房を握った。クニュッとやわらかくてよかったが、もう少し張りが欲しかった。

ただ贅沢《ぜいたく》は言わずに、乳房を好きなだけ揉《も》みつづけた。

「アァッ」

わざとらしいよがり声で、どうやら本来の肉体提供ビジネスに戻るようだ。

そうなると、もう遠慮なく、ブラウスを脱がす。

ブラジャーは木綿の淡いピンクで、洗濯しすぎでヨレヨレだ。売春用の下着の用意がなかったらしい。

私は左手だけで、ブラジャーのホックと肩ひもをはずして脱がした。

「あっ、恥ずかしい」

また下手な演技で乳房を隠すふりをした。

乳房は小さくポコンとした饅頭《まんじゆう》形で、垂れてはいなかった。

乳首も乳輪も小さく、濃い墨色だ。

その乳房をギュッと揉みつぶすと、指がムニュッとめりこんだ。

私の大好きな感触だから、股間が勃起した。

欲を言えば、もう少し張りが欲しいのだが、南国の女性はたいていこんなものだ。

首を突き出して、乳首をレロレロと舐《な》めまわした。

「アァッ」

外の仲間に聞こえないように低い声だ。

またまた遠慮なく、スカートのホックをはずしてストンと落とした。

「……あ、ダメ」

スカートがトイレの床に落ちたのを気にしているのだ。

ショーツはビキニで、ブラと同じピンク。股間をわずかに隠していた。

右手をショーツの中に潜りこませて、手のひらで性毛を撫《な》でた。

「ウゥッ」

今度は演技ではなく、ちょっと緊張した声だ。

南国女性の性毛は薄くて短かく、シャリッと弱々しい。

クリトリスを人さし指の先でスリスリした。

「アーッ」

ちょっと甲高い悶《もだ》え声で上半身が震えた。

今度は中指に唾をつけて、クリトリスをまるく撫でまわした。

「ウゥッ、アァッ」

あごを上げて、リアンの口が半開きになった。

ここで私のがまんが切れた。リアンの両手を便器につかせて後背位のポーズをとらせた。つづいてショーツの両裾を持ち、スーッと足首まで引き下ろす。

「ダメ、恥ずかしい」

少し大きな声になったが、本音ではない。それどころか、挑発してきて、お尻を突き出して掲げ、挿入しやすくした。

うしろから見るお尻はドテッとして、肛門は濃い墨色で閉じていた。

うしろからは割れ目の中は半分しか見えないが、妙に淫靡《いんび》だ。

自分でズボンとパンツを下ろすと、男根がビロンッと跳ねあがった。

もうワクワクしながら亀頭を膣口に当てて、両手でお尻を支えて両脚を踏んばった。

そのまま腰を押し出したら、愛液がないからちょっと抵抗があった。

「あっ、痛い、痛いよ。抜いて、抜いてよ」

本物の悲鳴を無視して奥まで突っこんだ。

「痛い。抜いて、抜いてくださいっ」

大きな声の哀願に辟易《へきえき》したから、中指に唾を塗ってクリトリスを撫でまわした。

「アァッ、いいっ」

なんとか愛液が出てきて、膣と肉棒とのフィット感が出てきた。

もう一度足場を固めて、勇躍ピストンを開始する。

「ウッ、アァッ、アァ」

リアンの体が前後して、必死に便器をつかんでいた。

愛液がもっと出てきて、ピストン摩擦がスムーズになった。

男にはうれしいコンドームなしだから、ナマの摩擦で男根全体が気持ちよかった。

ここで梅毒の心配をしたが、今さらコンドームを着けるのはいやだ。膣の中は温かくてヌルヌル。ちょっとだけゆるかったのが残念だ。しかし許容範囲だと思いなおして、射精をめざして確実に出し入れした。リアンはウッウッウッとうめきながら、体が前後した。クチュクチュと卑猥《ひわい》な音がして、ドアの外に聞こえているかもしれない。リアンの快感が上がったようだ。

「アァッ、イイ、イイッ」

私も射精感が高まりはじめて、とにかくリズミカルに出し入れした。後背位のいいところは、男の性器が膣を出入りするのを見られることだ。しかも男根が大きくて、女が悦《よろこ》べば男の自尊心を満足させる。

「アァッ、アッ、アッ」

リアンのあえぎ声が短くなって、私にも射精感が急に迫りあがってきた。

「イイッ、いいよ、来る、来るよ、来るっ」

日本の女は「イク、イクッ」だが、そのほかの諸国は「来る、来るっ」が多い。

「来るよ、来る……ウッ」

あごを大きく上げて目を閉じ、両手をブルブルッと揺らしてリアンは天国に昇った。

「ん、んっ……」

すると私もドバッと射精して、精液を膣奥に噴出させた。

私の腰が、グッ、グッ、グッと三回押し出されて、精液を全部出した。

男の短いジーンッとした快感を味わったあと、男根を抜く。リアンは両手で便器を抱いたまま、その場にしゃがんだ。

リアンの快感と大きな息が鎮まって、漏れ出る精液に気がついた。

「アァッ、なに、なんなの、いやだ」

ペーパーをごそっと取って、和式便所スタイルで精液を拭いた。

「見ないで、恥かしい。見ないで」

慌てて精液を拭って、下着をつけてブラウスとスカートを整えた。

そして私をにらんだが、コンドームの話は出なかった。

経験から言えば、外国の娼婦が避妊を忘れるのは絶対にないから、ピルとかで心配ないのだろう。

精液の臭《にお》いが少しだけ漂っていた。

リアンが今さらのように私を見てびっくりした。

パンツとズボンを下げたままで、そしてまた勃起していた。

「アッ……」

リアンが目を見開いて固まった。

「口で、きれいにしてくれ」

つまりお掃除フェラチオを要求した。

「エエッ……」

便所で汚ないからか、渋った。

それならばと、強引にリアンをその場に膝立ちにさせた。

「アァッ」

やはりトイレの床に直接触れるのがいやなのだろう。

勃起をリアンの口に突き出したら、ぎょっとなって反った。

しかし諦めたのか、勃起を握って亀頭をベロッベロッと舐めまわした。

しかし、いやいやでテニックもないから、むずがゆいだけだ。

「もっとソフトに、滑らかにやれ」

「グゥッ……」

なんとか懸命に舐めたが、快感にならない。

リアンの口に唾がたまって、よだれが漏れ出た。

亀頭がホワッと温かくなったが、やはり快感が湧いてこない。

しかたなく口から男根を抜き去ると、リアンは終ったと勘違いをしてほっとした顔をしたが、私はこれで終わるつもりはない。

強引にリアンを立ちあがらせ、背中を壁につけた。

「えっ？」

わけがわからないから、キョトンとした。

強引にスカートとショーツを脱がす。

「あっ、ダメ」

立ちマンでヤラれると理解してなにか言おうとしたが、すぐに諦めた。

リアンの右脚を便器に乗せて、股間を広くした。

さらされた股間はムッチリで、南国女性特有の両脚がスラッと伸びていた。

男根を握って亀頭で膣口を探ったら、フニョッと弱い感触だ。

亀頭を膣口に当てて、腰に力をこめて下からグッと突きあげた。

「ウウ、ウウッ」

立ちマンに慣れていない戸惑ったうめき声だ。

私はすでに一回射精しているから、余裕で膣の中の感触を探った。

体温と同じでホワッと温かくて、水分たっぷりのフヨフヨだ。

ただやはり締まりがゆるくて、それだけが残念だ。

力いっぱい下から突きあげると、リアンは両手で私の首にしがみついてきた。

私は、ヨッ、ヨッ、ヨッと調子をとって出し入れした。そのたびにリアンの股間が上下する。

「ウ、ウウッ」

リアンのあえぎ声が大きくなった。

ただ、立ちマンは男も女も不安定だから、すぐに疲れてきた。

「いったん抜くぞ」

「……あっ、はい」

男根を抜いてリアンをふたたび後背位にした。

リアンの白くむっちりのお尻を撫でまわして、ペチャッと平手でたたいた。

「ウウッ、ダメ」

リアンが嫌う仕草で顔を大きく振った。

私は狂乱勃起している男根を、膣口にぶちこんだ。

「アーッ」

リアンの体が前につんのめった。

あとは自分だけ楽しむ射精をめざして、確実で丁寧なピストンをした。

「ああっ、いい、いいよ」

娼婦の快感の悶え声で、誰でも適正なピストンなら天国に昇るのだろう。

「いいよ、いいよ、もっと来て」

もうなんの遠慮もない大きな声だ。

亀頭と膣の摩擦を意識して楽しんでから、射精のためのピストンをした。

たちまち射精感が急アップして、リアンの天国も間近になった。

「ううっ」

私の腰をグッと押し出したら、それが刺激になったのか、リアンも絶頂に達した。

「ん……んっ……」

両手で便器を握ったまま、両膝をわずかに揺らして快感にひたった。

二回目の射精なのに、大量の精液が膣から流れて太ももに伝わった。

トイレから私とリアンが出てきたとき、仲間たちは気まずい雰囲気だった。

絶対にドアに耳をつけて、聞いていたに違いない。

リアンがさすがに恥ずかしいらしく、身ぶりで全員に出ていけと指示した。

全員が慌てて、冷蔵庫の中身を全部持って出ていった。

私はここでも内心で、少しは恥を知れと激怒した。

私は疲れが出たので、ベッドにあお向けに倒れた。

「疲れました。あなたも帰ってください」

「ええっ、でも……」

リアンが渋ったのは、売春料の請求をしたいからだ。

私はそれを承知のうえで言った。

「明日また来てください。全部明日です」

翌日は旅の最終日で、リアンとお友達がやってきた。チェックアウトで、ホテルの支配人が宿泊料と冷蔵庫の請求書を差し出した。

「宿泊料は払いますが、冷蔵庫の中身は食べていないので、支払いを拒否します」

「あなたが食べなくても、あなたの部屋の冷蔵庫の支払い義務があります」

「違法な要求なので、拒否します」

「当ホテルに、違法はありません」

支配人はリアンの仕業と知っていたが、違法ではないから強気だ。

そこで部屋の盗撮ビデオを再生した。ホテルのボーイが何回も違法に部屋に侵入し、冷蔵庫の中身を盗んでいた。つまり、リアンが来る前に盗んで、リアンたちが飲み食いしたように見せかけていたのだ。

ホテルの名前入りの大きなタオルが、さりげなく映っていた。

「これを日本のテレビ局で放送させましょう。ここにホテルの名前があります」

支配人はびっくりしたが、さすがに面倒なことは回避した。

「オーケー。宿泊費だけお支払いください」

玄関でタクシーが私を待っていた。

リアンがすっ飛んできた。

「お金、ください」

「えっ、なんのお金ですか」

「とぼけないで。私を抱いた料金よ」

「ということは、あなたは娼婦ですか」

「えっ……なにを言い出すの？」

「私とあなたはお友達です。お仲間もそう言ってましたよね。お友達どうしの愛に、お金をとるのですか」

「とにかく払って、払えっ、バカ野郎」

リアンが大きな声でわめきはじめた。

ホテルの玄関で娼婦が騒いだら迷惑なので、支配人がやってきた。

「お客様、このまま早くお帰りください」

リアンがさらにわめいて抗議したが、支配人には絶対に逆らえない。

私は無事に帰国し、現地女性との熱い後背位の思い出が残った。

元カノの匂い――大阪府・会社員・五十六歳

大学三年生のとき、付属の女子短大とサークル交流で聖美《きよみ》と知り合った。女子率が低い大学だったので、短大生の加入は大歓迎。聖美は周囲が浮きたつほどかわいらしかった。

その中で私は「とうぜん、彼氏はいるだろう」と傍観していた。

数カ月経《た》って気心も知れるようになったころに聖美のほうからアプローチしてきた。

そんな都合のよい話があってもいいのかと思いつつも喜びオーケーし、つき合うようになった。それでも彼女はちやほやされていた。

気をよくしたのか、聖美は違う男ともつき合いはじめたようだった。

あせった私は、聖美をホテルに誘った。

ふたりともはじめてだった。

恋人の証《あかし》ができたと安心したのもわずかのあいだ、聖美が「好きな人ができた」と別れを告げてきたのはクリスマス前だった。

バブルの声が聞こえてきた時代「クリスマスは恋人のためにレストランとホテルを予約」などと盛りあげる雑誌もあった。

私も計画を立てていた矢先に青天の霹靂《へきれき》。

相手の男は二股していたやつとは違う、別サークルだが、モテると噂《うわさ》のやつだった。

寂しい状態のまま卒業し、大学と聖美の家があるN市から離れた府県に就職したのだった。

「ライブでそっちに行くから会わない？」

わざわざ新幹線使って来ずとも聖美が住む都市は大きいので開催されそうなのだが、「こっちは開催されなくてO市がいちばん近いから」ということだ。約束だけして電話を切った。

私はO市から私鉄で三十分圏内に住んでいたので、会社が終わってから向かえばライブ終了時間には到着できる算段にはなる。

自分から振った相手に連絡をしてくるとはどんなつもりなのだろうか。私に新しい彼女ができているとは考えなかったのだろうか。よくあるトモダチとして会おうということか。もやもやと疑問が頭をめぐる。


聖美が指定した駅の改札で待つ。

何回か列車が到着して乗降客でにぎわった。

聞きなれたなつかしい声が耳に入った。

「久しぶり」

改札を通る客を目で追っていたのに、こちらから見つけられなかった。

背の中ほどまであった髪をばっさり切ってショートボブになってイメチェンしていた。

上着を羽織っていたが、下はショートのキュロットに八〇年代も流行《はや》った白のニーハイソックスを履いていた。

学生時代とは雰囲気が変わり、聖美はこんなにもかわいかったのかと改めて思った。

「久しぶり。ひとり？」

「ひとりだよ。泊まりで来ちゃった」

「荷物は？」

「先にチェックインして置いてきた」

「ファミレスにでも行く？　俺、明日休日出勤になってるから遅くなるのはマズい」

「えっ、そうなんだ。汗かいて冷えてきたから、つづきはホテルに帰ってからでいいかな」

ドキッとする。

「行っていいの」

「いいよ。来て、来て」

宿泊ホテルに向かって歩き出す聖美。そのあとをついてく。

先に聞きたいことがあったが、聖美はライブの感想を熱く語って切り出せなかった。

大きくはないが、女性が泊まるだけあって、きれいなビジネスホテルだった。

「部屋の鍵もらって来るから、先にエレベーター入って。左手だから」

「エレベーターで待ってる」

聖美が受付カウンターで鍵を受け取っているあいだにロビーを抜ける。宿泊客ではないので咎《とが》められやしないかドキドキする。

エレベーターは階上にあったので、降りてくるまでの時間が長く感じられた。

ほかに乗る客はいない。ドアを開けて待っていると、聖美がやってきた。

「お待たせ」

飛びこんできて、降りる階のボタンを押した。

一年前……つき合っていたころにラブホテルに入ったときのようだった。

普通にビジネスホテルの一室だ。

「ああ、疲れた」

上着を脱いでノースリーブのブラウスのまま、聖美はベッドに腰を下ろす。

私はデスクの机を引っぱり出して座った。

彼氏がいるのにいきなりベッドに押したおすのはどうかと思っていた当時の私はま

だ青かった。

「彼氏の車に乗せてきてもらわなかったの？」

ようやく聞きたかったことが口に出た。

「……別れちゃった。就職したら会う機会がなくなって、自然消滅かな」

あっけらかんと答える。

相手の男は最初から学生時代だけのつき合いと割りきっていたのだろう。

「英会話講師として入った会社も、ずっと外まわりばっか。疲れちゃったからライブで気分転換」

やっぱりそうか。学生時代のように周囲にちやほやしてくれる者がいなくなったから連絡してきたわけか。自分ならいつでもオーケーだろうと軽く見られている。その思惑《おもわく》どおりホイホイと会いに来てしまったのだが。

これでなんの進展もなければ本当にマヌケだ。

「誠《まこと》は仕事どう。会社でモテるでしょ？」

「モテませんって」

事実、同期入社の女子たちには「同期社員」以上には見られていない。休日に街で会ったときでも挨拶程度で「じゃあ、私たちはこれで」と暗にいっしょに来ないでと敬遠されてしまうショックな出来事があったばかりだ。

「誠、カッコいいのにね」

じゃあなんで、二股、三股して振ったんだよ。

ちょっとカチンと来てしまった。

そこに来て、

「冷えちゃったから、お風呂入ってくる」

相変わらずのマイペースぶりだ。

ひとり部屋に残されてしまった。

男を残して入浴するのだから、このあと抱いてもいいんだよな。

しかし、のんびりしていては最終電車に間に合わなくなってしまう。彼女のペースに振りまわされるのもいやだった。

ノックしてバスルームのドアを開けた。

「じゃあ俺、帰るから」

シャワーカーテンの向こうから顔が出る。

「え。待ってて、待ってて」

バスタオルを巻いて、聖美が出てきた。

「これでいいかな」

ベッドの上に体育座りになってポンポンと布団をたたいた。

されるがままに横に座った。

私の仕事や生活の話など差しさわりのない話になってしまった。

上目遣いで私を見る聖美。濡れたうなじの髪。バスタオルから伸びた足……。

恰好《かっこう》をつけていたが、内心ムラムラしてくる。

「足の指先だけ白いな」

「外まわりばかりで日焼けしちゃった」

前かがみになって手で足先を隠す。顔が近づく。

堰《せき》が切れた。

ギュッと聖美を抱きしめて、そのままキス。

やわらかくて温かい。

そのまま首すじに唇を向かわせる。まだ洗い流されていない汗の味がする。

ベッドに倒れこむ。

「そんな恰好でいられたらドキドキする」

巻かれたバスタオルをひろげる。

「ダメ……やっぱり彼のことが忘れられない」

バスタオルで体を隠す聖美。

やっぱりそう来たか。

「じゃあ、なんで部屋に呼んだんだよ」

「寂しかったから……」

「もういい。帰る」

聖美に振りまわされるのはいやだ。立ちあがる。

「行かないで」

服を引っぱる。

「じゃあ、いいの?」

「好きにして」

「またそんな言いかたして……自分はどうなの?」

「ごめん……抱いて」

珍しく聖美が謝った。

服を脱ぎすて、改めて聖美を抱く。

密着した体のやわらかさ、温かさ、彼女の皮膚の匂い。忘れかけていた心地よさがあった。

手のひらに収まる乳房を揉《も》み、処女のときから色濃かった乳首を赤子のようにしゃぶった。

少し剃《そ》って整えられた陰毛をかき分けて、クリトリスとオ×コもしゃぶる。懐かしい味だ。

「足の指を舐《な》めて」

聖美のほうからリクエストが来る。前の彼にそんなことまでされていたのか。忘れられないはずだ。

汗をかいたあとなので洗っていても匂いが残っていた。それでも口に運ぶ。

指をしゃぶり、あいだをチョロチョロとする。

「あっ、ああっ」

彼女にしては驚くほど大きな声をあげた。隣の部屋に聞こえてしまうのではないか。

今度は聖美を四つん這《ば》いにさせる。お尻のワレメに顔を埋《うず》めてアヌスを舐める。

学生時代に彼女が別れを告げたとき、最後の思い出にと嘆願した最後のエッチ。彼女のすべてを味わいたくてはじめて行ったアナル舐めだった。

アヌスから舌を突き入れて少し中まで入れる。ヒクッヒクッとアヌスに力が入る。舌が疲れて埋めていた顔を離すと、オ×コから愛液がしたたり、ベッドまで糸を引いていた。

フェチなプレイはここまでだ。用意しておいたスキンを装着。

じゅくじゅくに潤んだオ×コに硬くなったチ×ポを突き入れる。

「はあわああん」

この温かくぬるりとした締めつけ……久しぶりだ。やっぱり、オナニーとは違う。

自分はいまだに聖美が唯一の女性だが、彼女は何人ものチ×ポを受け入れてきたのだろう。ちょっとした劣等感がある。

正常位にするために、いったんチ×ポを抜く。

「あん、抜かないで……」

こんなことを言うコではなかった。前の彼にそうとう教育されたのだろう。

自分は自分だと言い聞かせて、何度も腰を打ちつける。

ぶるんぶるんと乳首が円を描く。


荒い息のふたりがベッドに横たわる。

このまま寝落ちできたら……。

そんな私の心を見透かしたように、

「泊っていってくれるよね？」

甘い声で、聖美が声をかけてきた。

そうしたいが、翌日は休日出勤になっていた。

「さっき言ったように、明日は出勤なんだ」

うしろ髪を引かれながら、着がえをはじめた。

「また連絡してもいいよね」

ふたたび聖美を味わってしまった彼女なし男は、遠距離恋愛をはじめることになった。

うまくいっていたのは束の間。聖美のわがままマイペースについていけず、今度は私のほうから別れを告げて終焉《しゆうえん》を迎えた。

……はずだったが、新しい彼女ができたあとでも、ダラダラとしばらく引きずってしまった……。

◉本書は「夕刊フジ」に投稿、掲載された手記を収録しています。

左記は初出一覧。一部は文庫収録の際に改題しています。
「体に刻まれた記憶」（2014年11月）
「不倫の味」（2015年6月）
「口止めは唇で」（2017年2月）
「奇しき縁」（2017年9月）
「チャットでゲット」（2018年3月）
「へそくりと走る女」（2018年4月）
「奥ゆかしきもの」（2018年5月）
「犬に誘発されて」（2018年8月）
「不法占拠屋の女」（2018年10月）
「台風の置き土産」（2018年11月）
「添い寝の記憶」（2019年6月）
「悪女の罠」（2019年7月）
「泣く男」（2019年8月）
「ひ・み・つの基地」（2019年8月）
「人妻との淫蕩遊戯」（2020年8月）
「おひとりさまの疼き」（2021年8月）
「東南アジアは後背位で」（2022年3月）
「元カノの匂い」（2022年7月）

監修　桑原茂一
編集協力　松村由貴（株式会社大航海）

◉新人作品**大募集**◉

マドンナメイト編集部では、意欲あふれる新人作品を常時募集しております。採用された作品は、本人通知のうえ当文庫より出版されることになります。

【応募要項】 未発表作品に限る。四〇〇字詰原稿用紙換算で三〇〇枚以上四〇〇枚以内。必ず梗概をお書き添えのうえ、名前・住所・電話番号を明記してお送り下さい。なお、採否にかかわらず原稿は返却いたしません。また、電話でのお問い合せはご遠慮下さい。

【送付先】 〒一〇一-八四〇五 東京都千代田区神田三崎町二-一八-一一 マドンナ社編集部 新人作品募集係

私《わたし》の性体験《せいたいけん》投稿《とうこう》 おひとりさまの疼《うず》き

二〇二四年 七月 十日 初版発行

編者◉夕刊フジ【ゆうかんふじ】

発行◉マドンナ社
発売◉二見書房
東京都千代田区神田三崎町二-一八-一一
電話 〇三-三五一五-二三一一(代表)
郵便振替 〇〇一七〇-四-二六三九

印刷◉株式会社堀内印刷所 製本◉株式会社村上製本所 落丁・乱丁本はお取替えいたします。定価は、カバーに表示してあります。

ISBN978-4-576-24050-3 ◉Printed in Japan ◉©マドンナ社